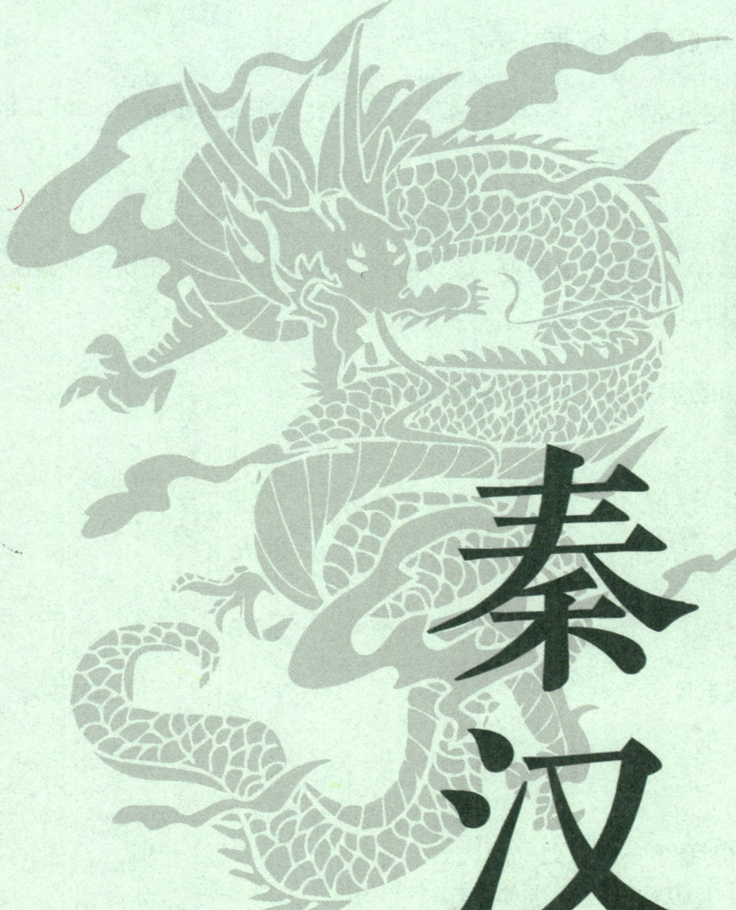

我的第一本中国通史

秦汉史

主编◎李 默

廣東旅游出版社
GUANGDONG TRAVEL & TOURISM PRESS
悦读书·悦旅行·悦享人生
中国·广州

图书在版编目（CIP）数据

我的第一本中国通史·秦汉史 / 李默主编． — 广州：广东旅游出版社，2014.1
（2025.6 重印）

ISBN 978-7-80766-754-4

Ⅰ．①我… Ⅱ．①李… Ⅲ．①中国历史—秦汉时代—青年读物 ②中国历史—秦汉时代—少年读物 Ⅳ．①K209

中国版本图书馆CIP数据核字（2013）第293613号

出 版 人：刘志松
策划编辑：蔡　璇
责任编辑：贾小娇
封面设计：唐艺森
内文设计：邓传志　冼志良
责任技编：冼志良
责任校对：李瑞苑

我的第一本中国通史·秦汉史
WODE DIYIBEN ZHONGGUO TONGSHI·QINHANSHI

广东旅游出版社出版发行
（地址：广东省广州市荔湾区沙面北街71号首、二层　邮编：510130）
北京兰星球彩色印刷有限公司
（地址：北京市朝阳区光华路丙12号1号楼6层707）
开本：787毫米*1092毫米　1/16
印张：11.5
字数：180千字
版次：2014年1月第1版
印次：2025年6月第1版第4次印刷
定价：49.80元

版权所有　侵权必究
本书如有错页倒装等质量问题，请直接与印刷厂联系换书。

世间公认，中华文明是人类历史上缔造的最光辉绚丽的文明之一。我们有责任将这一伟大文明的优秀传统普及于国人，进一步介绍于世界。达到这个目的的一种重要方法，就是编著图文并茂的中华文明史。

我国古代的学者，早就提出过"左图右史"的理想，希望用直观的图像来补充文字描述的不足。只是由于当时材料、技术条件的限制，这种愿望无法充分实现。近代各类文物发现众多，尤其是考古学在中国发展之后，编写文字与图像并重的历史书籍的条件便齐备了。

早期有些学者的想法，是给历史研究配置一套参照的图像。这个思想的滥觞，或许可以追溯到明代《三才图会》之类的书籍。日本学者编印的《东洋文化史大系》等等，思路是相近的。在国内，专以文物为主，开此类图谱先河的，是郑振铎先生的《中国历史参考图谱》，曾经广泛流行。不过郑先生的书纯系图集，尚未能收图文互补的效果。同为郑先生编的《插图本中国文学史》，图文兼备，更为读者欢迎，但只限于文学史方面。

近年，很多人想到要编著大规模的"插图本中国通史"，并做了若干尝试。广东旅游出版社推出这部《我的第一本中国通史》，应该说是成功的。这部书重点在于论述中华文明，贯穿以整个历史的纵线，其文字、图片的版面彼此相当，内容同样丰富，真正做到了图文并茂。

图文并重的中国文明史，就方向而言，有利于历史学和考古学的进一步结合。考古学本身是具有独立的理论和方法的学科，然而中国考古学从一开始便以同历史学的密切结合为特点。大家知道，王国维先生20世纪20年代在清华国学研究院讲义《古史新证》中提出的"二重证据法"，在方法论上为考古学的建立发展开拓了道路。"二重证据法"指文献同文物的互相印证，即蕴含着历史、考古的结合。亲手在中国开展考古学工作的考古学家，都以探索和重建古史为职志。最早得到大规模系统发掘

1

的遗址殷墟，其被选定正是出于这样的要求。长期领导中国科学院（后属中国社会科学院）考古研究所的夏鼐先生，1984年在《什么是考古学》文中说，考古学和利用文献记载进行研究的狭义历史学不同，研究的对象只是物质的遗存，但两者同以恢复人类历史的本来面目为目标，如车之两轮，鸟之两翼。对于了解中国有着悠久的文明和丰富的文献传统的人们来说，中国考古学的这种特点乃是自然的。

尽管历史与考古有如此密切的关系，把两者很好地结合起来仍不是容易的事。认识历史文献和考古成果，分别需要特殊的学习与训练。特别是考古学的研究收获，并非轻易就能融会到历史研究中去。在历史知识的普及上，怎样结合考古文物也很不简单。《我的第一本中国通史》在这两方面做了很大努力，使全书成了真正的"纸上博物馆"，成绩是值得肯定的。

说考古学的对象是物质遗存，不等于讲这种遗存仅为物质文化。可能有读者知道，拙见以为每种人类的物质遗存都在不同程度和层面上反映当时的精神文化。大至古城址、陵墓群，小到一件兵器、一个配饰，无非中华文明的产物，寄寓着先民的意念与精神。所以，我们探索中华文明萌生形成、发扬光大的历程，不可缺少考古文物。这正是"纸上博物馆"胜于其他类型的史籍之处。

然而，作为文物考古研究对象的物质遗存，以及由这种遗存所能导出的内涵，究竟是有限的。过去的世界，不可能完整地以遗存的形式保留下来，我们不应当希望考古学能够将《史记》、《汉书》包含的种种全面揭示在人们眼前。因此，在为历史配图时，总是有太多的遗憾，甚至于不很需要的地方，文物数量繁多过剩，十分需要的场合，有关文物却很少，以至一件也没有。这就要求书的编者广为搜集，又精加选择。《我的第一本中国通史》在这一方面也是做得好的。

这便是我在此要写几句话，向读者推荐的理由。

李学勤

目 录

秦

秦灭六国统一中国 4
秦始皇开创帝制 4
李斯确定篆书·秦统一文字 8
　【人物小辞典】李斯 9
　【文化小辞典】秦氏篆刻 9
秦始皇泰山封禅 10
琅琊台石刻立成 11
　【逸闻趣事】高渐离击秦皇 12
　【逸闻趣事】博浪沙张良椎击始皇 13
　【人物小辞典】张良 14
秦始皇求仙·徐福东渡日本 14
喜入葬云梦睡虎地 15
秦代铜车马 16
秦长城的修建 17
灵渠——沟通南北水系 18
秦筑驰道 19
　【文化小辞典】秦代漆器 20
蒙恬北伐匈奴 21
秦始皇病死沙丘 21
世界的第八奇迹——秦皇陵兵马俑 22
秦汉军服定型 24
秦始皇焚书坑儒 25
陶仓模型开始出现 26
　【文化小辞典】秦代砖瓦 27

1

陈胜、吴广大泽乡起义 28
刘邦起兵于沛 28
项梁立楚怀王孙为王 30
【逸闻趣事】赵高专权·指鹿为马 31
破釜沉舟巨鹿大战·项羽威震诸侯 31
刘邦入关灭秦 32

西汉

刘邦约法三章 36
鸿门宴 36
项羽分封·自任西楚霸王 37
韩信暗度陈仓 37
楚汉相争·彭城大战,项羽大败刘邦 39
【人物小辞典】背水一战的韩信 40
楚汉相持广武·划鸿沟为界 40
项羽自刎乌江 41
刘邦称帝 42
刘邦分封同姓王 42
【文化小辞典】最早行星运动记录 43
汉与匈奴和亲 44
吕后诛杀韩信 44
汉高祖预定后事 45
吕后毒杀赵王 45
【逸闻趣事】萧规曹随 47
萧何建石渠阁 47
【人物小辞典】陆贾 48
张良闭门学道 48
吕后临朝改制 49

目录

【人物小辞典】南越王 50
吕后病死 51
周勃、陈平安定汉室 51
导引术在汉代定型 52
皇帝陵墓规制逐步完善 53
【文化小辞典】风筝出现 55
中国饮食方式确立 55
汉初休养生息 56
【文化小辞典】《尔雅》 57
辉煌的马王堆汉墓 57
西汉地图保存至今 60
【人物小辞典】晁错 61
七国之乱·周亚夫平定七国之乱 62
【逸闻趣事】卓文君夜奔司马相如 63
毛公传毛诗学 63
蜀太守文翁最早兴办地方官学 64
李广智退匈奴 65
黄老之学昌盛 66
汉景帝死·汉武帝立 67
中国开始使用年号 67
【人物小辞典】枚乘 68
【文化小辞典】《淮南子》 68
【逸闻趣事】东方朔谏停修上林苑 69
汉武帝加强中央集权制度 69

汉武帝独尊儒术 70
董仲舒提出"三纲五常"及献"天人三策" 70
汉武帝颁行"推恩令" 71
"飞将军"李广威震匈奴 72
卫青任大将军屡败匈奴 72
霍去病击匈奴·浑邪王降汉 73
张骞出使西域 74
中国官学形成 75
汉乐府建立 77
汉发明井渠施工法 78
漠北决胜·汉匈奴自此无大战 78
桑弘羊推行均输和平准·赐爵桑弘羊 79
把握农时脉搏的"二十四节气" 80
【逸闻趣事】朱买臣诬杀张汤 81
丝绸之路形成 82
海上丝绸之路开创 83
【文化小辞典】金缕玉衣 84
中国年节逐渐形成 85
中国发明犁壁·代田法与耦犁·畜力播种机耧车 .. 85
苏武牧羊 86
百戏流行 86
李陵降匈奴 88
司马迁著成《史记》 88
【人物小辞典】太史公司马迁 89
《天官书》确定中国的天官体系 89
汉武帝首倡榷酒酤 90
汉律基本定型 91

目录

汉武帝托孤·霍光立宣帝 ... 91
【文化小辞典】中国最早的数学著作《周髀算经》 ... 92
霍光病死·霍氏灭族 ... 93
青铜器更富装饰性 ... 93
"农商"本末之争持续不断 ... 95
【文化小辞典】盖天说 ... 96
中国竹简帛书达到高峰期 ... 96
【文化小辞典】弩 ... 97
纺车和织机出现 ... 97
《盐铁论》编成 ... 98
纺织技术达到前所未有的高峰 ... 98
【逸闻趣事】画功臣于麒麟阁 ... 100
【文化小辞典】透光镜 ... 100
炒钢发明 ... 101
汉阙雄伟 ... 101
【人物小辞典】经济思想家贡禹 ... 102
【人物小辞典】律学家京房 ... 102
汉匈和亲·昭君出塞 ... 103
【逸闻趣事】汉代开始画门神 ... 103
中医临床诊治经典《难经》问世 ... 104
汉代针灸疗法流行 ... 105
《急就篇》编成 ... 105
【人物小辞典】著名辞赋家扬雄 ... 106
《别录》、《七略》开创中国目录学 ... 106

5

烧沟汉墓壁画代表中国早期壁画 107
赵飞燕专宠·班婕妤奉长信宫 107
【文化小辞典】流入中原的胡风舞 108
汉字进入今文字时代 109
【文化小辞典】中国最早的传统农书《氾胜之书》............ 110
《山海经》基本完成 110
佛教传入中国 111
王莽托古改制·摄位篡汉 112
绿林军起义·赤眉军起义 113
刘秀败莽军主力于昆阳 114
王莽死·新朝覆灭 115

东汉

刘秀称帝·定都洛阳 118
刘秀击破赤眉军 118
群雄割据称帝 119
光武帝营建都城洛阳 121
杜诗发明水排兴利南阳 121
几种水力机械出现 122
汉光武帝改置军营 123
谶纬流行 124
光武得陇望蜀 124
马援破先零羌、参狼羌·马援平定岭南 125
【文化小辞典】总结先秦数学的《九章算术》............ 126
桓谭反图谶 127
【人物小辞典】奠定《汉书》编撰基础的班彪 127
汉明帝行明堂·汉明帝命人画云台28将 128
【人物小辞典】批判虚妄之说的王充 128

# 目录

汉明帝遣使求佛·《四十二章经》译成......129
　【逸闻趣事】中国第一座佛寺：白马寺建成......130
汉明帝立学南宫......131
　【人物小辞典】兼通今古文经的贾逵......131
　【文化小辞典】白虎观会议......132
班固受诏编成《汉书》......132
百炼钢出现......133
窦氏立后·外戚势力兴起......134
《神农本草经》最早总结中药......134
今古文经学之争白热化......135
郑玄集今古文经学大成......136
长袍短服，相得益彰......137
许慎编著《说文解字》......138
　【文化小辞典】学童识字课本《三仓》......139
邓太后称制......139
宦官拥立顺帝......140
蔡伦造纸......140
张衡发明制造漏水转浑天仪......141
张衡建立宇宙论学说......142
张衡发明候风地动仪测地震方位......143
梁冀专权·张纲埋轮·梁冀灭门......143
张陵创立五斗米道......144
　【人物小辞典】东汉著名政治家王符......145
汉代灯具造型精美......146

【逸闻趣事】中国罗马帝国建交 147
章草书法发展 148
支谶译经 148
【文化小辞典】中国最早的文艺专科大学 149
清议风盛·党锢祸起 150
【文化小辞典】生动活泼的汉代俑像 151
汉代玉器承前启后 152
黄巾起义 153
董卓专制 155
关东联军讨董卓 155
田庄经济开始发展 156
群雄划地割据 157
孙策入主江东 158
曹袁官渡之战 158
【人物小辞典】宣扬佛教思想的牟子 160
名法思想兴起 161
张仲景著《伤寒论》 161
"外科鼻祖"华佗创五禽戏 162
诸葛亮出《隆中对》 163
【人物小辞典】秦汉最后一位进步思想家仲长统 164
赤壁之战 164
刘备占据益州·平定三巴 165
诸葛亮严令治蜀 166
曹操治魏 167
关羽败走麦城 167
【文化小辞典】汉乐府叙事诗《孔雀东南飞》 168
画像砖、画像石进入全盛时代 169

秦

大事纪
公元前 230～公元前 206 年

● 公元前 230～前 221 年

● 公元前 230～前 221 年
秦灭六国，统一中国。

● 公元前 221 年
秦始皇二十六年，秦王政称始皇帝，建立郡县制，统一度量衡，车同轨，书同文。

● 公元前 220～前 211 年

● 公元前 218 年
张良博良沙椎击秦始皇，失败告终。

● 公元前 213、前 212 年
秦始皇焚书坑儒。

- 公元前 209 年
  陈胜、吴广起义,刘邦、项梁起兵。

- 公元前 207 年
  巨鹿大战,项羽威慑诸侯。

- 公元前 206 年
  刘邦入关灭秦。

● 公元前 210～前 201 年

秦灭六国统一中国

秦始皇二十六年（前221年），秦将王贲攻陷齐国，至此，秦统一了六国，建立了中国历史上第一个中央集权的国家。

◎秦始皇像

秦国从商鞅变法以来，继续提倡耕战，鼓励人民发展生产，经济增长速度不断上升，国富民强。同时，吏治整肃，军队精锐骁勇。从秦王政十七年（前230年）起，秦王用远交近攻、分化离间、各个击破的战略原则，相继灭掉韩、魏、楚、赵、燕五国。到秦王政二十六年，秦将王贲灭燕后，南下攻齐。

秦灭齐之后，统一了全国，结束了春秋战国以来诸侯混战的局面，建立了中国历史上第一个统一的多民族的专制主义中央集权封建王朝，为封建社会经济发展奠定了稳定的政治基础。在政局稳定、经济发展的基础上，封建社会的文化也进入了新的发展阶段。秦统一中国，使文字、货币、度量衡的统一成为可能，促进了政治、经济、文化以及各地区交流的发展。

秦始皇开创帝制

秦始皇二十六年（前221年），秦消灭六国，统一全国，嬴政更改名号，称始皇帝，开创了帝制。

嬴政认为自己德迈三皇，功过五帝，继续称"王"不足以称成功，于是命令臣下议帝号。丞相王绾、御史大夫冯劫、廷尉李斯等人认为："古有天皇，有地皇，有泰皇，泰皇最贵。"因而尊称嬴政为"泰皇"。嬴政不满，于是把"泰"字去掉，取"皇"，采用上古时"帝"位号，称"皇帝"。又下令取消谥法，自称"始皇帝"，后世依次为"二世、三世至于万世，传至无穷"；皇帝自称"朕"，大印称"玺"，命称为"制"，令称为"诏"。

秦始皇二十六年（前221年），丞相王绾请封诸皇子为燕、齐、楚王，得到群臣的赞同。廷尉李斯力排众议，

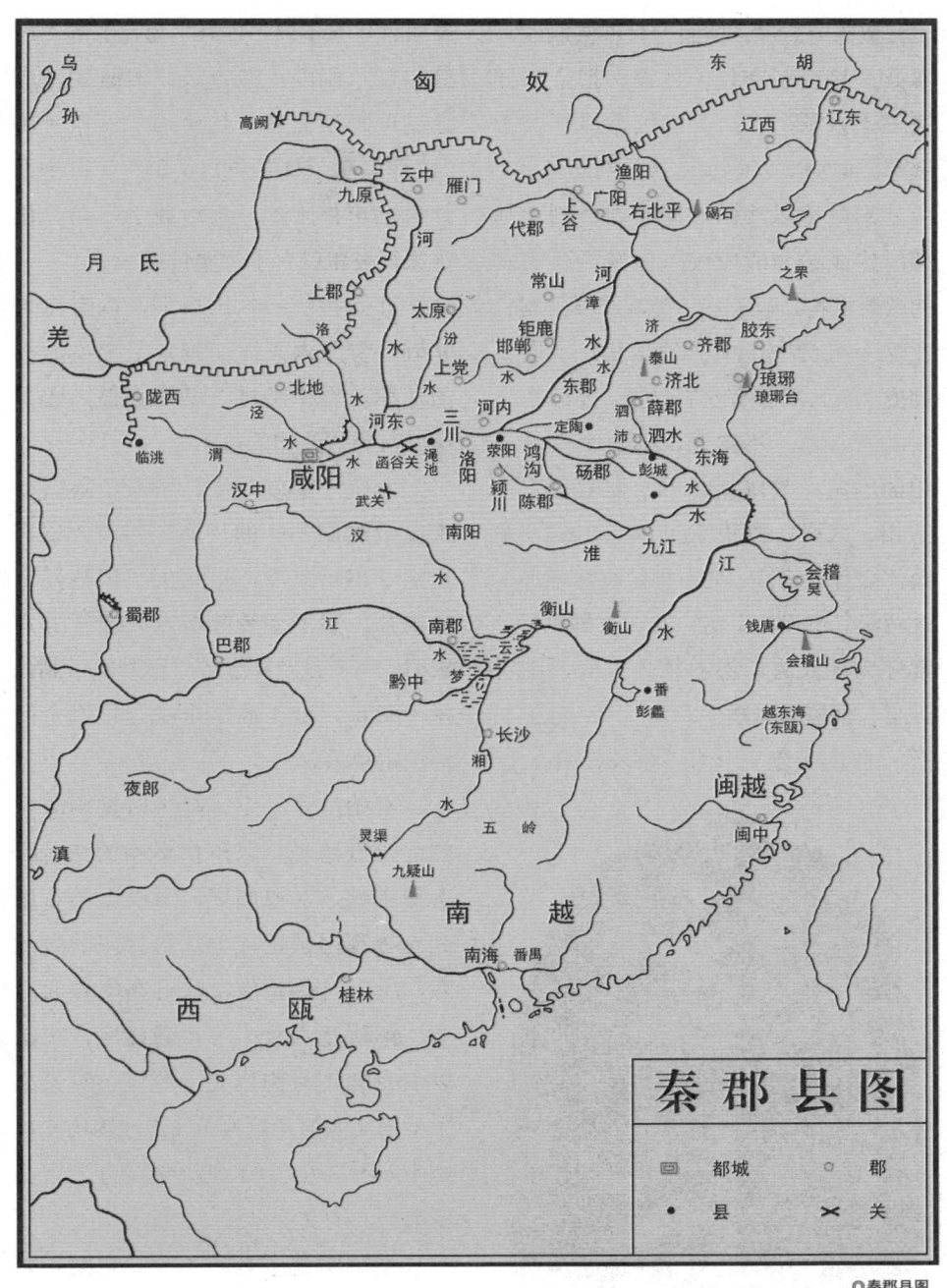

◎秦郡县图

主张废除分封制,全面推行郡县制度。秦始皇接受了李斯的建议,把全国分成三十六郡,以后又陆续增设至四十余郡。中央集权的制度从此确立。

秦始皇以战国时期秦国官制为基础,建成一套适应统一国家需要的新的政府机构,即三公九卿制及郡县制。在这个机构中,中央设丞相、太尉、御史大夫。丞相有左右二员,掌政事。太尉掌军事,不常置。御史大夫是丞相的副贰,掌图籍秘书,监察百官。丞相、太尉、御史大夫以下,是分掌具体政务的诸卿。地方行政机构分郡、县两级。郡设守、尉、监(监御史)。郡守为郡长官。郡尉辅佐郡守,主管兵事。郡监司监察。

早在秦献公十年(前375年),秦国就建立了以"告奸"为目的的"户籍相伍"制度。秦王政统治时期,户籍制度趋于完备。始皇三十一年(前216年)更"使黔首自实田",即令百姓自己申报土地。土地载于户籍,使国家征发租税有了主要依据。

秦始皇统一六国以后,以秦律为基础,参照六国律,制定了全境通行的法律。秦律经过汉朝的损益,成为唐以前历代法律的蓝本。

秦统一了度量衡,结束了战国以来度量衡制不一的局面。同时,诏书规定了田亩制度,也结束了田畴异亩的现象。秦下令废除秦以外通行的六国刀、布、钱及郢爰等。秦制定币制,统一货币,金、铜货币成为行通全国的法定铸币。

秦始皇还采用了战国时期阴阳家的终始五德说,以辩护秦朝的法统。秦得水德,水德尚黑,所以秦的礼服旌旗等都用黑色;与水德相应的数是六,所以符传长度、法冠高度各为六寸,车轨宽六尺;与水德相应,历法以亥月即十月为岁首,等等。秦设立了中国文明的帝制典范。讲中国历史,绝不能不讲秦,秦的制度决定了汉(甚至魏晋)的文明形式。

秦确实是个暴政王朝,它给当时的人民带来了巨大的苦难,但在文明的发展上,秦作出的贡献比它带来的灾难要多。秦在政治和社会上是战国

◎秦两诏文空心铜权

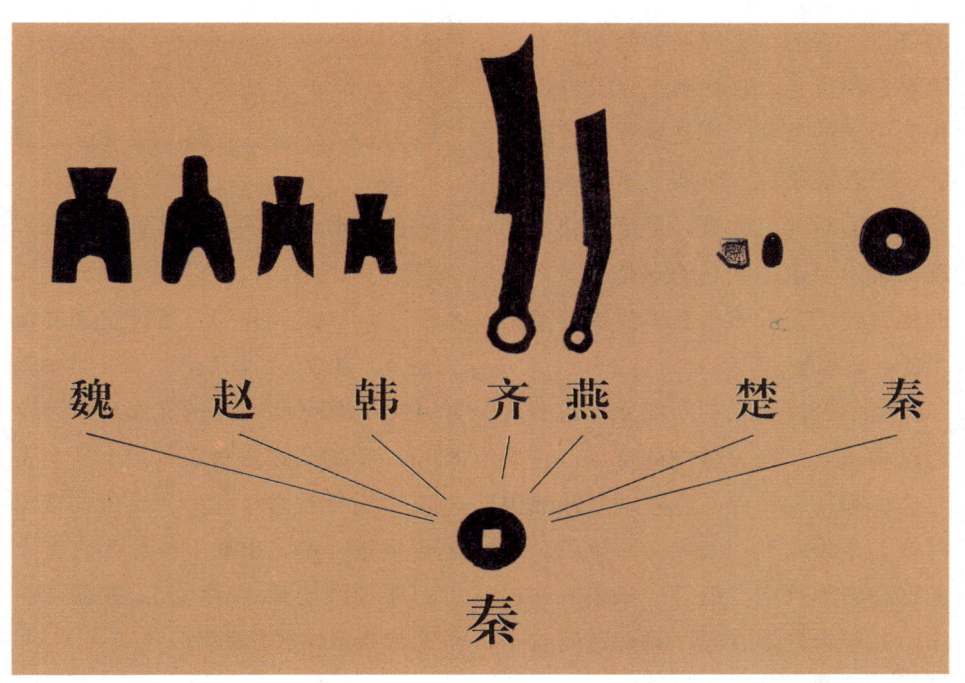

◎秦统一六国货币简图

文明绝对化的阶段。汉代，甚至我们今天所使用的文明形式很多来自秦代。

秦的行政制度是中国历史上最大的进步之一，郡县制和废除分封、消灭六国贵族和大工商业主有相当的进步意义。秦的帝国体制是中国社会结构的一大进步，中国文明从此进入了先进的文官制时代，这个时代到现在还未结束。

秦的官营手工业是将工商业专制化，但也是将它工程化，秦汉文明在经济上的高度发达（在当时世界上首屈一指）很大程度上归功于它。

秦的书同文、车同轨、行同伦、统一度量衡不只是专制，更是文明的绝对化，这些文明形式统一于一个形式之中。这一点在文字上更明显，秦统一六国文字不是个简单的一致化，也是一个升华：小篆是一个古典典范。实际上，在秦代，隶化倾向已经出现，各国手写体也互相靠拢。但秦的官方文字，特别是作为标本颁出的文字小篆在形式上达到一种高度的形式化，它的平直圆的字体和匀称的结构在今天也很少能有人写得好。它如同一切古典典范一样，在形式上达到了绝对化，从而与一般实用的字体区别开来。在今天，小篆也是用作表示官方、法定意义的古典主义字体。

秦的艺术具有中国文明古典典型

的特征。它的宫室（例如阿房宫）、陵墓已不可见，长城则在今天也还被作为中国的象征，这是雄浑品格的见证，它表现了这一时期艺术形式的绝对性和力量的宏大性。至于当代才发现的秦始皇陵的兵马俑则是战国艺术的绝对化。它应该代表了战国雕塑艺术的最高水平。

秦的制度为汉初所继承，它的政治结构奠定了帝国体制的基础，它的三公、列卿、考课、监察制度在战国时代的小国政治中是不可想象的。它的法律素称严酷，但若一条条考察起来，并不十分不合理，只是惩罚过于严重。它和秦的政治制度一样，不管内容如何，在形式上都是中国法制的代表。

◎秦阳陵虎符

因此总的看来，秦在政治和社会上都将战国文明升华到了一个充分展开的形式化高度。在帝国体制中，各种文明形式得到丰满的表现，并内化于制度中。秦的博士制即使不太成功，也体现了秦人将文化固定化、全民化的努力。

李斯确定篆书·秦统一文字

战国时，文字的形体非常紊乱，各国文字不统一，不但字体不同，同一个字所采用的声符、形符也都有很大差异。秦统一六国后，"文字异形"给政令的推行和文化的交流造成严重障碍，于是秦始皇责令丞相李斯负责对文字进行整理，除去和秦国文字出入较大的，制定出新字体作为官方文字。李斯取史籀大篆，创造小篆，并使之成为秦代官方文字。

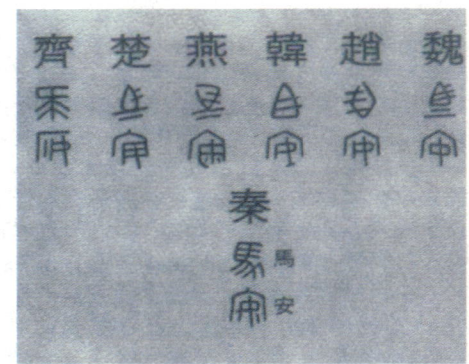

◎统一文字表

由大篆经省改而形成的小篆，形体长方，用笔圆转，结构匀称，笔势瘦劲俊逸，体态典雅宽舒；字形图画性减少，线条符号性增强，异体字已经很少，偏旁部首的写法和位置基本固定，字形比较简化，是中国文字发展史上的一大进步。小篆之后的文字称今文，之前的则是古文。

秦代篆书主要用于官方文书、刻石、刻符等，流传至今的作品《泰山刻石》、《琅琊台刻石》、《绎山刻石》、《会稽刻石》，相传都出自李斯之手。《泰山刻石》风格圆润，严谨工整；《琅琊台刻石》用笔既雄浑又秀丽，结体的圆转部分更为圆活，二者都是秦代小篆的代表作。

李斯

李斯不仅是秦代政治家，还是书法家。他对篆书有很深的造诣，北朝王愔《古今文字志目》南朝羊欣《采古来能书人名》，都推李斯为秦代书法家之首。为统一文字，李斯作《仓颉篇》，取史籀大篆，创造小篆，他所书的篆书骨气风韵方圆妙绝，对后代篆书影响很大。

李斯确定篆书，秦统一文字，结束了战国以来文字异构丛生，形体杂乱的局面。篆书成为官方文字，具有权威的意义，之后历代官方更采用篆书作印章文字。而文字的统一推动中国文化的统一，在中华文明史上有不可忽视的作用。

秦氏篆刻

篆刻，即刻印的通称。印章字体多用篆书，先写后刻，故称"篆刻"。篆刻为我国特有的传统艺术，春秋、战国时期已经流行。

秦代篆刻印章多由印工完成，已有较高艺术成就。秦代印章主要有官印、私印两种。秦代皇帝印称"玺"，官吏或私人印称"印"，或称"章"。官印一般二三厘米见方，有的略长一些。私印多作长方形，方形的比较少，间有圆形、椭圆形的，还有两面印。印材主要有铜、玉。多凿款白文，铸印较少。其字数无定则，章法多变，整齐而不呆板，风格质朴苍秀。方印多加田字格，半通印（长方印）多加日字格。所以，秦印与汉印并为后世篆刻家所取法。

◎（秦）上官郢

◎（秦）泠贤

◎（秦）泠贤

秦始皇泰山封禅

秦始皇二十八年（前219年），秦始皇在泰山封禅，刻石纪功。

封禅是古代统治者祭告天地的一种仪式。所谓"封"，是指筑土建坛。祭天古人认为五岳中东岳泰山最高，而且东方是万物始发和阴阳交替之地，人间的帝王应到那里去祭告上帝，表示受命于天。所谓"禅"，是指祭地，即在泰山下小山的平地上祭地。"封"与"禅"是同时进行的，但"封"比"禅"要隆重得多。

相传，上古时代就有封禅的说法。夏、商、周三朝到泰山来举行封禅大典的有72位君主，但秦始皇之后才有文字记载。它的仪式复杂神秘，各朝代不尽相同。实际上，封禅是一种具有政治目的而又带有宗教性的祭祀活动。

前219年，秦始皇率领文武大臣及儒生博士70人，到泰山去举行封禅

◎ 《纪泰山铭》

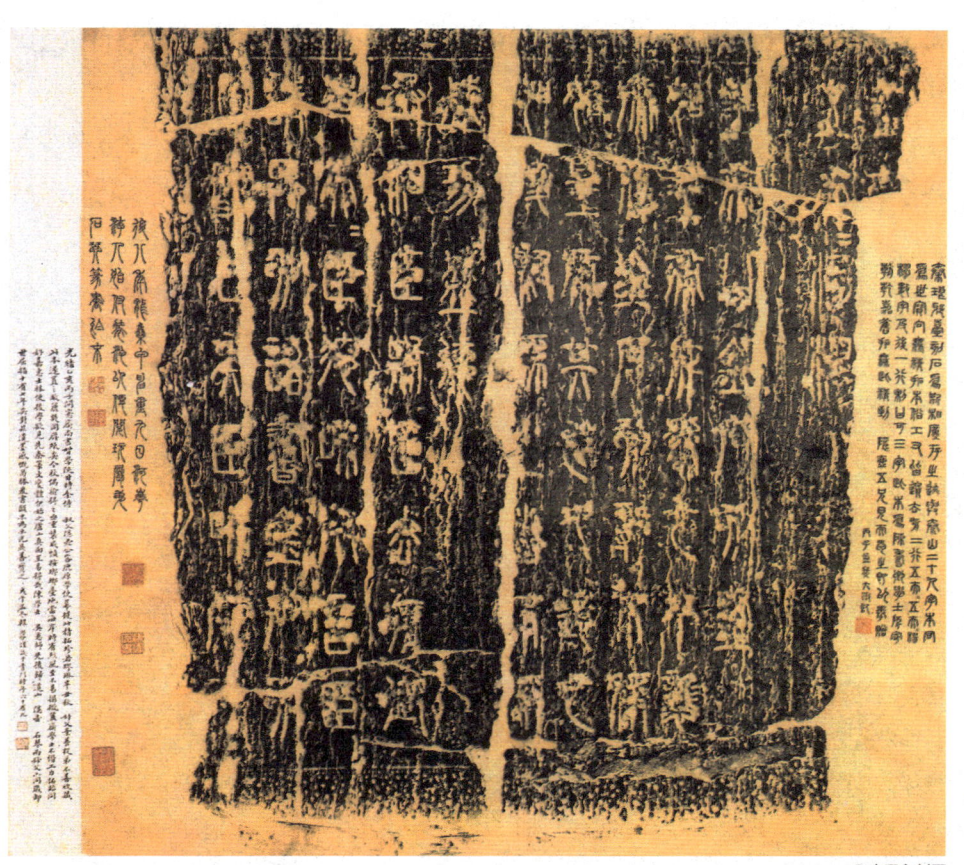

◎琅琊台刻石

大典。由于长期不举行这种活动,大臣们都不知道仪式该怎样进行,于是秦始皇把儒生召来询问。儒生们众说纷纭,秦始皇听了觉得难以实施,便斥退儒生,按照自己的想法开辟车道,到泰山顶上立了碑,举行封礼。接着下来,到附近的梁父山行了禅礼。

琅琊台石刻立成

琅琊台刻石是最可信的秦代传世石刻之一。秦始皇统一六国以后,曾多次巡视全国,立石刻,歌颂秦德。

琅琊台刻石刻于秦始皇二十八年(前219年),记述秦始皇"器械一量,同书文字"与"功盖五帝,泽及牛马"的殊功。二世元年(前209年),秦二世东行郡县,于始皇所立石旁刻大臣从者姓名,以彰始皇成功盛德,复刻诏书于其旁。至宋代苏轼为

高密太守时，始皇刻石已泯灭不存，仅存秦二世元年所加刻辞，世称二世诏文，也就是现在保存下来的《琅琊台刻石》。

刻石笔画接近石鼓文，用笔既雄浑又秀丽，结体的圆转部分比《泰山刻石》更圆活，确为小篆杰出的代表作。残石现藏于北京中国历史博物馆。

逸闻趣事 高渐离击秦皇

战国时期的燕国人高渐离，善于击筑（古代类似于琴的一种弦乐器）。他是著名刺客荆轲的朋友，一起效力于燕太子丹。荆轲刺秦王前，高渐离在易水击筑送别。后来荆轲行刺失败，秦王起兵灭燕。此后，秦始皇大肆搜捕反对派，高渐离隐姓埋名躲藏于宋子（今河北赵县东北），在一大户人家做奴仆。

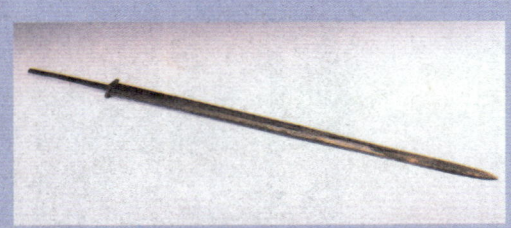
◎秦代铜剑

高渐离不甘长久隐姓埋名，常应众人之请，一边击筑，一边慷慨悲歌，抒发亡国之苦以及壮志未酬之恨，每每使满座听众涕泪沾衣，唏嘘不已。秦始皇听到了这件事，派人将他召去。尽管秦始皇知道高渐离是他的仇敌，但因爱惜他的才能，便赦免了高渐离的死罪，只弄瞎了他的双眼，令他为自己击筑。

开始，秦始皇还有戒备之心，只远远地坐着叫他演奏。久而久之，见高渐离并无异常举动，而且秦始皇也非常喜欢他的技艺，便渐渐叫他靠近自己。但高渐离并未消除仇恨，只是苦等机会复仇。这时他见时机已到，便用铅将筑填满，使筑沉重如铁，足以击人致命。然后等到秦始皇渐渐入迷时，便出其不意突然拿筑向秦始皇砸去，但由于自己眼睛看不见，筑砸偏没有触到秦始皇。秦始皇立即处死了高渐离，并从此不再让诸侯手下的人靠近自己。

逸闻趣事 博浪沙张良椎击始皇

秦朝建立后,由于统治阶级的穷兵黩武,沉重的赋税劳役和残酷的经济剥削,社会矛盾十分尖锐。尤其是东部原六国地区,秦王朝的统治极不稳定,六国贵族利用人民群众的反秦情绪时刻想着报仇复国。

始皇二十九年(前218年)东巡,行至博浪沙,张良命令力士持铁锤突然袭击,没有命中始皇,而锤中副车。始皇大怒,急令逮捕刺客,没有抓到。又下令在全国大搜索10天,终究没捕获。张良因此变换姓名,逃亡到下邳(今江苏宿迁西北)。始皇离开博浪沙后,登上之罘山(今山东烟台北芒果岛上),刻石颂功,然后返回咸阳。

张良博浪沙一击,成为秦代政府走向灭亡的警报,也预示着轰轰烈烈的秦末大风暴的到来。

◎秦双翼神兽

人物小辞典

张良

张良（？～前189年）字子房，城父（今安徽亳州东）人，是韩国的贵族。祖与父相继为韩国五世之相国。前230年，秦灭韩国时，张良年少，变卖全部家产，弟死了也不埋葬，准备为韩国报仇。不久，招募到力士，做了一个120斤重的铁锤，准备用来击杀秦始皇，这就是有名的博浪沙一击了，结果虽然失败，但是张良的智谋因此而名扬天下。后张良投奔刘邦，成为历史上有名的谋士功臣。

秦始皇求仙·徐福东渡日本

秦始皇统一六国之时，燕齐等国许多人出亡海外，他们走的是一两个世纪以来的航路，沿山东半岛成山角跨越渤海（今黄海），来到朝鲜半岛的白翎岛，然后抵达日本北九州。海北道中必须通过对马岛，自前356年齐威王派人下海，探访前往日本的航路后，这里可能就是被喻作"蓬莱、方丈、瀛洲"三座神山的地方。

前219年，秦始皇东巡到了山东沿海的琅琊（今诸城东南），齐人徐福与一些人士上书秦始皇，宣称海中有三神山，请求秦始皇派童男童女和他一起去求仙人。秦始皇采用了他的建议，派数千童男童女乘船出航。经过几年，花去了许多费用，并没有得到神药。前210年，秦始皇再次巡幸琅琊时，徐福恐怕受到责备，便编造谎言，说是蓬莱岛由于海中有大鲛鱼，受到阻难，一定要派善于使用连弩的射手去才能排除困难。据徐福东渡后20年出生的伍被和淮南王刘安的对话中透露，这次秦始皇又派徐福率童男童女3000人，装载五谷种子、技艺百工到达日本本州和歌山。至今在和歌山新宫町东南有蓬莱山，还有徐福墓。

徐福及其伙伴从大陆输送到日本的新颖的海船、秋米和农耕技术，以及青铜和铁器冶炼技术，使得早先已有零星传入的中国文化在日本列岛上得以巩固和延续，促使日本在绳纹文化的末期，衍生出以弥生式土器和中国铁器为特征的弥生文化。

◎日本阿须贺神社内的徐福宫

喜入葬云梦睡虎地

秦始皇三十年（前217年），秦狱吏喜入葬云梦睡虎地（今湖北省云梦县睡虎地）。随葬品有竹简、毛笔、漆器、竹木器、陶器、铜器等。1975年，喜墓被发掘，其中出土的竹简是研究战国晚期到秦始皇时期历史的重要资料，随葬的大量法律文书竹简是我国现存时代最早的成文法典，统称为"云梦秦简"。

喜墓出土的秦简牍共1155枚，简文墨书秦隶，多写于篾黄上，少数两面墨书，字迹大部分清晰可辨。竹简以细绳分上、中、下三道编连成册。从书体、内容和其中多处避始皇名讳可知，简书由多人书写，有的写于战国晚年，有的写于秦始皇时期。

秦简牍经整理编纂，分为9种，《编年史》（亦作《大事记》）成书不晚于前217年，为我国现存最早的年谱，以编年体记载了从秦昭王元年（前306）到始皇三十年（前217年）秦军政大事及墓主喜的经历；《语书》和《为吏之道》是训诫官吏的教令；《日书》为术数书；其他的均是记录秦代或战国晚期的法律文书，可通称为《秦法律文书》。云梦秦简所记载的秦律内容远远超出李悝《法经》的范畴，已具备刑法、诉讼法、民法、军法、行政法、经济立法等方面的内容，其中刑法最为成熟。

云梦睡虎地喜墓出土的云梦秦简内容丰富，反映了中国从诸侯割据向中央专制集权转变时期政治、经济、文化、法律、军事等方面的内容，是研究这一时期的可信史料。而云梦秦简里所保存的秦律内容，对研究中国古代法律制度有着重要的价值，是中国法制史上的一件大事，在世界文化史上也占有重要地位。

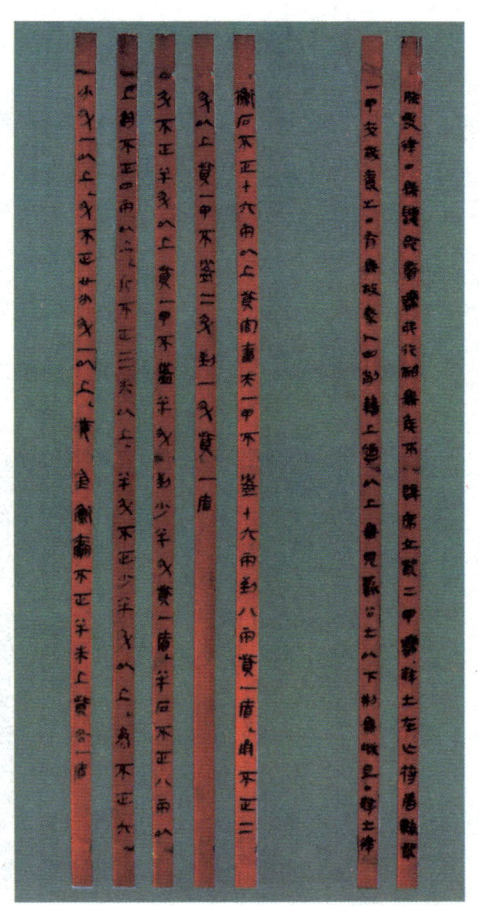

◎睡虎地秦代竹简

秦代铜车马

1980年，在陕西省临潼县秦始皇陵封土西侧出土秦始皇随葬的青铜车马模型，共出2乘，均为单辕双轮，4马驾，1御官俑，以1/2比例模拟实物而作。

其中2号铜车马通长328.4厘米，高104.2厘米；其中一条辔绳末端刻有"安车第一"字样，可知此车为安车；而位于2号车之前的1号车则为立车。两车形制相似。车舆分前、后室，御官俑跽坐于前室，乘主坐后室。前室前、左、右三面有彩绘栏板。后室前方及左右两侧车上开有镂成菱花纹的窗。室后面开门。车盖呈椭圆形。车内外遍饰云气纹、夔纹、几何形纹彩绘等。车舆前悬一弩，左车厢前角立箭，盛箭20余支；右车厢边有一盾箙盛一盾。

◎秦二号铜车马局部

御官俑戴冠，着领缘绘有朱红菱形纹的右衽交襟长袍，腰间束带佩剑，面容圆润丰满，微含笑意。挺立执辔，笑中藏威，形象生动。

车、马、御官俑的彩绘均以白色作基调，施以朱红、粉红、紫、蓝、绿、黑等颜色。图案花纹多作二方连续或四方连续，以菱形纹为主，辅以卷云纹、

◎秦一号铜马车

圆形、三角形等纹样。马具多为金银质，车饰多为银质。彩绘与金银质小型构件及装饰品相互配合，形成华丽、庄重、典雅的艺术效果。

铜车马制作技艺精湛，细部处理真实具体。如御官俑的手部指关节、指甲，马的口腔细部，都很逼真，富于质感。车的轮、舆、衡、轭等及众多的附件都制作精美，以细铜丝绞结而成的缨络，柔韧而富有弹性。

头微向外转，昂首张口，表现出整装待发的动感。是秦代造型艺术的精品，对研究秦代冶金技艺、宫廷舆服、车制及车舆制度具有重大的参考价值。原件现藏陕西省秦始皇兵马俑博物馆。

秦长城的修建

秦始皇三十三年（前214年），大将蒙恬率30万大军大举征伐匈奴，收复河套南北的广大地区，并在这个地区设置44个县，重设九原郡。为了巩固这一地区，秦始皇又征发大量民工，将原秦、赵、燕旧时长城，随地形修筑连接，重新加固，修建成举世闻名的万里长城。

◎秦二号铜车马。称为"安车"，车箱分前后室，前室为御手乘坐驾车的地方，置跽坐姿势的高级御官俑一件。后室供主人乘坐，较为宽大，四周封闭，后面辟门，顶部有椭圆形车盖。

铜车马共有零件3462件，其中金银制零件共1720件，制作不仅包括铸造和镶嵌技术，也包括锉、磨、冲、凿等金属加工技术以及焊接、铆接、铰链连接、销钉固定等连接技术。局部装配和总装配采用了高水平的组装工艺，表现出2200年前中国劳动人民在金属制造和加工方面所具有的技术能力。

铜车马造型规整，装饰华丽，比较准确地再现了秦代车马出行的宏大气势。4铜马比例匀称，膘肥体壮；马

◎秦长城图

战国时期，北方邻近匈奴的秦、赵、燕三国分别修筑长城以防匈奴侵袭。秦长城西起临洮（今甘肃岷县）、东北经固原至黄河。赵长城西起高阙（今内蒙古临河）、东至代（今河北蔚县）。

17

◎陕西神木秦长城遗址

燕长城西起造阳（今河北独石口）、东至辽东。三条长城互不连接。秦始皇二十五年（前222年），秦灭赵后，匈奴乘机占领赵属河套地区的河南地。秦统一六国后，一方面派大军征伐匈奴，一方面征集民工修建长城以防御匈奴的侵入。

30万以上的农民及囚犯在边塞积土垒石十余年，在留下无数的白骨后，终于修成了西起临洮、东至辽东的秦代万里长城。长城修好后，蒙恬率军30万，屯驻上郡（今陕西榆林东南）十余年，声名赫赫，威震匈奴。

在秦代万里长城的基础上，经西汉、北魏、北齐、北周、隋唐、明朝历代增修，形成今天的西起嘉峪关，东至山海关，长11000余里的万里长城。

万里长城的工程十分浩大，它是世界历史上最伟大的建筑之一和中国历史上七大奇迹之一，它充分体现了我国劳动人民的高度智慧和无限的创造力，成为中华民族文明悠久的象征。

灵渠——沟通南北水系

秦始皇三十三年（前214年），军尉屠睢指挥50万大军，分五路南下，对居住在今两广地区的南越和西瓯进行大规模的战争。在征伐过程中，秦军遭到越族的强烈抵抗，并因运粮困难，不能获得胜利，相持达3年之久。

◎广西兴安秦灵渠遗址。灵渠为世界上最早的有闸运河。

为了支援征服南越和西瓯的战争，解决进攻南越秦军的供应问题，秦始皇派监禄在今广西兴安县北开凿一条连接湘水和漓水的运河，以"通粮道"，这就是著名的灵渠。灵渠选择湘水和漓水最近的地方开凿，全长30公里，沟通了江南的长江水系和珠江水系。开渠的军民表现出高度的智慧，他们巧妙地使渠道迂回行进，降低渠道坡度，以平缓水势，便于行船。渠道和堤坝的工程均充分利用了我国古代水利工程技术的最新成果，并有多方面的创造。灵渠构思巧妙，故名"灵渠"。

灵渠修成后，粮食、给养通过水道源源不断地运来，保障了秦军作战的需用，为秦军取得统一南越的胜利创造了重要条件。后来，秦军终于将包括西瓯及雒越在内的"百越"之地全部占领，建置南海、桂林、象郡三郡。

灵渠的建成，使长江水系同珠江水系连接起来，对中原地区同南方、西南的经济文化交流起了重要作用。直到明、清时代，灵渠还被称为"三楚两奥之咽喉"。内地的粮食和其他物质通过长江往南经洞庭湖，通过灵渠进入西江再由珠江运抵广州。由灵渠连接起来的两大水系，南北延伸约2000公里，在世界航运工程史上占有极高的地位。

秦筑驰道

秦始皇二十七年（前220年），秦始皇完成消灭六国、统一中国的大业，为了控制广阔的国土，特别是六国旧境，并便于政令军情的传送和商旅车货的往来，遂下令在全国各地修筑驰道。

筑道工程以秦的都城——咸阳为中心向各地辐射，东至燕齐（今京津地区及山东），南达吴、楚（今江苏与两湖地区），北抵九原（今内蒙古包头西北），西通陇西（今甘肃临洮），形成较为完整的交通网络。驰道宽50步，路基均用铁锤夯实，较为坚固；道中央宽3丈，为车马专用道路，每隔3丈植松树一株，作为标志。驰道两旁辅以小径，为百姓行走之途。

◎秦驰道示意图

继这项工程之后,在秦始皇三十五年(前212年),秦始皇又命令大将蒙恬主持拓筑从九原至云阳(今陕西淳化西北)的直道,其间凿山填谷1800余里,解决了许多工程技术难题。上述两项工程均极为浩大,历时数年,花去大量的人力财力。

秦始皇自己多次顺着驰道巡游郡县,在很多地方刻石纪功,以示威强。

驰道、直道修成之后,极大地方便了整个国家的陆路交通,有利于生产力的发展,而且,这些工程作为秦始皇"车同轨"的大一统政策的主要措施,更是迅速促进了全国政治、经济、文化诸方面的联系,有效地维护了秦朝的统治。

◎秦彩绘兽首凤形漆勺

◎秦漆壶彩绘牛马图(牛)

秦代漆器

战国秦汉是我国漆器第一次重大发展时期,产地广,数量多,品种全。

秦代漆器在图案上的创新主要体现在大量使用变形鸟头纹,并用横线连接,布满全器,图案性强。青川出土的战国双耳长盒或只髹黑漆,或只朱绘器口,而云梦的秦代漆盒则多有精美图案,在盒的两端绘有很像眼睛的花纹,并利用突出的器耳画成仿佛猪豚的嘴鼻,产生既庄重而又诙谐的效果,由于花纹多为写实性的,所以比起前代来呈现出全新的面貌。一些彩绘

◎秦彩绘几何纹铜三蹄足漆樽

漆器，虽然不是十分工细，却笔简神备，彩绘扁壶上雄壮有力的犀牛、并肩前进的奔马和飞鸟等图案，都是前代未有。

秦代漆器技法上也有创新，有一件漆卮粘贴着用银箔刻成的图案，然后沿着花纹边缘再用朱漆勾线。这种技法可能是初创，只在云梦发现一件这样的制品。

◎秦彩绘云龙纹漆盒

秦代漆器工艺分工较细，这正是西汉漆器数十字长铭的前奏。一些云梦漆器上有烙印、针刻或漆书文字和符号。既有这些漆器所辖的漆器作坊的简称，也有漆器作坊所在地的里名及制作工匠的名字。另外，漆工工序的名也开始在漆器上出现。

在江陵和岭南等地也发现了不少秦漆器，说明秦统一天下后很快就把中央的文化艺术推广到了全国。

蒙恬北伐匈奴

秦尚未统一六国前，逐渐强大起来的匈奴经常掠夺内地的人民、牲畜、财产，使相邻的燕、赵、秦深受其害。尤其是秦灭六国的最后阶段，中原战事方酣，匈奴趁各诸侯国无暇外及，占领了河套地区的所谓"河南地"。

秦王朝建立后，匈奴的威胁成为最突出的问题。

秦始皇三十二年（前215年），奉命入海求仙的卢生回到咸阳，向始皇报告鬼神事，奏上的《录图书》有"亡秦者胡也"的语句。此胡本指"胡亥"之胡，但始皇却认为"胡"谓匈奴，为此，遂派大将蒙恬率军30万大举北伐匈奴，尽取河南（今黄河河套西北）地。

蒙恬北伐匈奴，不仅有力地制止了匈奴奴隶主贵族对中原的抢掠，而且大大促进了这一地区的开发。在长期的劳动和交往中，不少匈奴人南迁中原，逐渐同秦人及其他各族人民共同居住和生产，促进了民族的大融合。

秦始皇病死沙丘

秦始皇三十六年（前211年），在东郡一带（今河南濮阳西南），有陨石从天而降。当地有人在陨石上刻出"始皇帝死而地分"的字迹。秦始皇知道后大怒，立即派人追查，最终无疾而终。于是，秦始皇下令将陨石周围的居民全部捕杀，并烧毁了陨石。这之后，秦始皇仍然闷闷不乐，他令手下的官员作《仙真人诗》，为他歌功颂德、祈祝天年，并传令乐工谱曲歌唱，散发到巡视过的郡县，以镇不祥。这年秋天，始皇使者夜经华阴平舒（今

◎秦代书体"始皇帝"

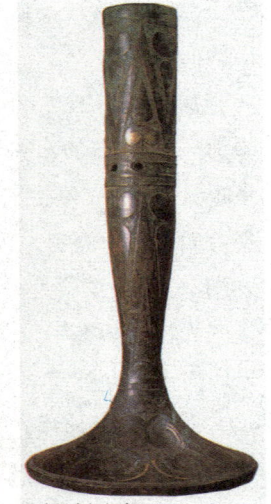

◎秦错金银灯座

陕西华阴西北）道，有人持璧拦路，对使者说："明年祖龙死。"说完，扔下璧而去。使者捧回玉璧向始皇详细报告。"祖"是开始的意思，"龙"为君主的象征，始皇一听，大为惶恐，赶紧占卜问卦，卦得"游徙吉"。于是迁移3万户人家到北河榆中（今陕西榆林），以应卜辞；又拜爵一级，来增添祥和的气氛。

秦始皇三十七年（前210年）冬，始皇在东巡归途中，来到平原津（今山东德州南）时患病，7月病重，迁移到沙丘（今河北平乡东北）宫颐养。他的病情越来越严重，却又讳言"死"字，随行群臣谁都不敢提到死的事。始皇在病中勉强支撑写下玺书，赐公子扶苏，要他立刻赶回咸阳主持治丧葬礼。玺书写好后封存在中车府令赵高行符玺事署所，还没有来得及交给使者传送，始皇就死在沙丘平台。丞相李斯害怕国家发生变乱，于是严密封锁消息。始皇灵柩停在有窗的车内，日常膳食和百官奏事都和往日一样。除李斯外，只有胡亥、赵高和近幸宦官五六人知道始皇的死讯。赵高从小就被阉割做了宦官，深得始皇宠信，因为他精通狱法，被任命为中车府令。始皇在世时曾让他教胡亥断案，因此他与胡亥交情很深。他曾经犯法，蒙恬之弟蒙毅依法判他死罪，后来被始皇赦免，从此，赵高就与蒙氏兄弟结仇。

始皇死后，赵高乘机与胡亥、李斯密谋，擅自开启密封的玺书，篡改始皇遗令，另立胡亥为太子，而赐扶苏和蒙恬死，史称"沙丘之变"。扶苏见到假诏后自杀，蒙恬疑心有诈，不肯自杀，被捕下狱后被迫服毒而死。这之后，赵高等人才下令发运灵车，当时正值盛夏，灵车中散出了阵阵尸臭，胡亥下令另载一石鲍鱼以掩气味，直到回到咸阳发丧。太子胡亥在咸阳袭位，这就是秦二世皇帝。

世界的第八奇迹——秦皇陵兵马俑

秦始皇为了向后人炫耀他的歼灭六国、天下归一的盖世功勋，他在动工修建规模浩大的皇陵工程时，还修建了举世闻名的皇陵兵马俑坑。

兵马俑坑发现于1974年，有1、2、3、4号坑，均为规模巨大的土木结构建筑。其中4号坑内是有坑无俑，可能是个未建成即被废弃的兵马俑坑。最大的是1号坑，平面长方形，面宽9间，四周绕以回廊，前有5个门道，6000个兵马俑以及战车、步卒相间排列，呈长方形军阵；2号坑内容为战车和骑、步兵混合编组的大型军阵；3号坑面积最小，有驷马漆绘的木质战车，和执殳的仪仗，象征军阵的指挥部。总之，从1、2、3号坑发掘的情况看，有武士俑7000个，驷马战车100余辆，战马100余匹。

兵马俑塑造了各种各样的秦军形象，有指挥官的将军，也有一般武士的步兵、骑兵、车兵、弓弩手等。形体高大魁梧，一般均在1.75米左右，指挥官身高在1.95米以上。很多将士手中握着真正的青铜兵器。造型生动、形象、逼真。其面相多数表情刚毅，昂扬奋发。五官位置准确，富于质感。陶俑细部的雕塑颇费匠心。以俑的发髻为例，发髻雕塑质感甚强，不仅蓬松，且走向清楚，形象逼真。陶俑身上的甲衣，也雕塑颇细，每片甲片上的甲钉和甲片之间连接的甲带等，类型分明。这些细节的精确表现，有利于烘托秦军装备精良、纪律严明、斗志高昂的精神状态。

据研究，兵马俑的制作，是先用泥做好内胎，再上一层细泥，然后在细泥上雕塑出俑的五官、衣纹等细微部分。俑的头、手、躯干都是分别制作然后组合，细部加工完以后，送入窑烧制，最后进行彩绘。

陶马和真马一般大，用于骑兵的战马高约1.72米，体长2.03米，剪鬃，备鞍，一看便知处于临战状态。驷马体型略小，筋骨起伏变化似真马一般。马头抬起，耳前倾、双目大睁、鼻孔翕张，体现出战马静中有动的状态。

©秦兵马俑

陶马的制作和陶俑一样精工。战车多为木质结构，因年长而朽毁，但从残存的遗迹中也可以看出大概来。

◎秦兵马俑

秦皇陵兵马俑群，是昔日秦王朝强大国力和军威的象征。它集中体现了我国古代劳动人民高超的烧陶技巧和智慧。为后人研究秦史提供了丰富的原始资料。

秦汉军服定型

秦汉时兵种有车兵、步兵、骑兵、弩兵4种，职务有将军、中级武官和下级武士，军服有冠、帽、帻、袍、铠甲等。军服制式根据兵种和职务的不同有所差异，基本上依类定型。

冠、帽、帻类。秦汉时将军戴长冠，双卷尾饰。冠有组缨，系扎于颔下，垂于胸前。一般武官戴长冠，单卷尾。御手在白色圆形软帽上戴长冠，单卷尾。车士有的戴白色软帽，有的则戴单卷尾。一般士兵不戴冠，以布束发，称作帻。铠甲武士、战袍武士、弩手、骑兵都着帻，但形状装饰略有不同。

袍类。从将军到士兵，都穿紧身窄袍，将军着两层，其余一层。袍是葛麻制成。战袍武士的是红色，御手的是褐色。铠甲武士一类为绿色短褐，衣领袖口以赭色边装饰，下着深红色裤；一类为红色短褐，衣领袖口以浅蓝色边装饰，下着蓝或绿裤与秦代"上黑"明显不同。

铠甲类。秦时骑兵铠甲较短，无披膊；一般步卒和战车兵的铠甲，甲身较长，两肩有披膊；御手所着的铠甲甲身最长，领部加高呈"盆领"，两肩有长披膊，并有护手甲。

秦铠甲沿用战国已出现的铁甲，也夹杂有皮甲，从它的形制和编缀方法看，已具备了中国古代铠甲的特点。到西汉，皮甲仍然存在，但铁甲占据

◎秦将军俑

主要地位，称作"玄甲"。以"玄甲"殉葬是西汉非常隆重的葬礼。铠甲的形制由较简朴的大型扎甲向精锻细密的鱼鳞甲发展，类型也日益繁多，保卫的身躯部位日益加大。到东汉时，除身甲部分外，保护脖颈的"盆领"，保护两肩和上臂的"披膊"和保护两腿的"鹘尾"、"腿裙"都已完善，形制更为发展，加之"百炼钢"技术被用于制造铠甲，铠甲质量进一步得到提高。

秦始皇焚书坑儒

秦始皇帝三十四年（前213年），秦始皇采纳李斯建议，下令禁止私学，并焚毁《秦记》以外史书和诸子百家著作及《诗》、《书》；秦始皇帝三十五年（前212），秦始皇以方士卢生、侯生诽谤皇帝、妖言惑众为理由，牵连坑杀方士、儒生460多人。这两件事是中国文明史上的一大浩劫，史称"焚书坑儒"。

秦始皇帝三十四年，始皇在咸阳大宴群臣，博士淳于越指责郡县制，提出分封制的主张。他企图说服秦始皇遵复古法，恢复西周以来的分封制，以使天下太平，并说：做事不遵从古法而又可以长久太平的，简直是闻所未闻！秦始皇将此事交给群臣讨论。

丞相李斯认为古代天下动乱，无法一统，招致诸侯并起，四海分裂，根源在于各种儒门学说和私学的存在，使人心不一。他建议秦始皇消灭私学，除《秦记》之外的史书一律烧毁；除秦博士官所藏《诗》、《书》、百家语等书外，都要将书交到所在郡，由郡守、尉监督烧毁；敢谈论《诗》、《书》的斩首弃市，以古非今的灭族；官吏看到、知道而不举报的，问罪；令下后30日内不烧毁该烧的书，处黥刑充为"城旦"，到边疆修筑长城4年；医药、卜筮、种树的书不在烧毁之列；若要学习法令的，以吏为师。

◎陕西秦焚书灰坑遗址及"坑儒谷"遗址

秦始皇采纳了李斯建议，下令焚书。一时，大量文化典籍被付之一炬。次年，方士侯生、卢生因求仙药不得，两人议论讥讽秦始皇。秦始皇得知后，非常愤怒，认为卢生等诽谤他，夸大他的过失，而且其他儒生也有妖言惑众之嫌，责令御史审问在咸阳的儒生。儒生们互相揭发，牵连出460多人。秦始皇为昭示天下，以儆效尤，全部

坑杀于咸阳。始皇长子扶苏对此做法有异议，也被令离开都城，去上郡（今陕西榆林东南）监蒙恬军。

秦始皇焚书坑儒，是秦代"师今"和"师古"两种政治思想斗争激化的表现。它的目的固然是为了加强政治思想统治，打击分裂势力，维护和巩固国家的统一。然而，采用这种残暴手段，不但造成了古代文化典籍的巨大损失，严重摧残了古代文明，而且也开了中国古代封建君主专制制度下专制主义最恶劣的先河。

陶仓模型开始出现

在战国大量流行的灰陶，至秦代后期工艺日臻成熟，不过与战国灰陶多仿礼器不同，秦代的灰陶器型多为日常生活用具，如鼎、壶、罐、瓮、盘、豆等，均厚重高大，具有浓厚的地方特色，尤为值得一提的是，这个时候还出现了一种模仿谷仓的陶器。

现今咸阳博物馆所藏的一件秦始皇陵出土的灰陶谷仓就是当时典型的产品。这种仿仓陶器整个外形呈圆矮状，由两部分构成：一为顶盖，二为仓身。顶盖形似斗笠，其面积大于仓围，上有成均匀辐射状的条纹斜向周边，表现了一种流动之美。在笠形顶盖下的仓身则显得稳静厚实，毫无受压抑之感。仓身中央有一小门，拉出小门则现出一个小仓口，仓口四周有框状修饰，仓门上有小小拉手；且仓门与仓身融合无间，并无突兀之感。

总之，整个陶型谷仓动静相衬，外观浑然一体，充满生活情趣，颇逗人喜爱。这种陶仓模型自秦代首先出现以后，到汉以后便大量流行。它不仅体现了中国古代陶瓷技艺的高度发展，也从一个侧面反映了当时的人以"仓廪殷实"为理想的生活状况。

◎秦陶谷仓

秦代砖瓦

秦代砖瓦在历史上颇负盛名，其颜色青灰、质地坚硬、制作规整、浑厚朴实、形式多样的特点更是著称一世。

秦代的砖有空心砖、条形砖、长方形砖、五角形砖、拐子砖、券砖等，一般为模制。空心砖大多是长方形，作二、三级踏步用，纹饰有几何纹、龙纹、凤纹，也有素面。其余砖也各具特点。

秦代的瓦有板瓦、筒瓦、瓦脊、瓦当等，而尤以瓦当著名。瓦当是中国古代建筑檐头筒瓦前的遮挡。瓦当有半圆和圆形两种，有素面也有有纹饰的。其其纹饰的又有图案、图形瓦当两种。图案瓦当有动、植物图案，云纹、葵纹以及动、植物变形图案等。图像瓦当有特大的夔纹瓦当，一般的已由早期单一的动物如奔鹿、子母鹿、双虎、双獾、朱雀等发展成为组合对称的扇面状综合图像，在四个扇面上分别布置鹿、鸟、昆虫或云、虎、夔、龙等物。

秦代砖瓦上常有文字，已发现的多为瓦当文字，多作小篆，有纯文字，也有文字与图案相结合两种类型。秦代砖瓦中的图案或文字对当时的地名、宫殿、官署、仓廪、陵墓、祠庙、苑囿的考订是很重要的依据，也历来为学术界所重视。

◎秦双兽纹瓦当

◎秦十二字瓦当

◎秦花纹铺地砖

◎秦始皇陵大瓦当

◎秦太阳云纹砖

陈胜、吴广大泽乡起义

陈胜(?～前208年)字涉,阳城(今河南登封东南)人,家为雇农。吴广(?～前208)字叔,阳夏(今河南太康)人,贫苦农民出身。陈胜年轻时,常受雇为人耕作,一次在田间劳作,他放下耒锸休息,心情怅憾,叹道:"苟富贵,勿想忘。"同伴都不以为然,陈胜又叹道:"嗟乎,燕雀安知鸿鹄之志哉!"

秦二世元年(前209年)七月,征发闾左(秦时贫弱农户居闾里之左,富者居右)900人戍守渔阳(今北京密云),陈胜、吴广皆被征调,并为屯长,行至大泽乡(今安徽宿县东南刘村集),天降大雨,道路不通,预计无法按期到达,依照严酷的秦法,失期当斩。在反不反都要死的情况下,陈胜与吴广谋议借用公子扶苏、项燕的名义起事。

陈胜吴广两人又巧设"鱼腹丹书"、"篝火狐鸣"制造起义舆论,并伺机杀死两名押送将尉,陈胜随即号令戍卒,说出"王侯将相宁有种乎",响应者甚众,于是筑坛为盟,称大楚,陈胜自立为将军,吴广为都尉,首先攻下大泽乡,进而攻占蕲县及附近各县,中国历史上第一次大规模的农民起义就这样爆发了。

及攻占陈县(今河南淮阳)时,起义军拥有战车六七百辆、骑兵千余

◎秦末陈胜、吴广大泽乡起义旧址

人,步兵数万人。陈胜自立为王,国号"张楚",诸郡县之民苦秦苛法,皆"斩木为兵,揭竿为旗",争杀长吏以应陈胜,农民起义达到高峰。

后陈胜、吴广义军内部矛盾不断暴露,被秦所镇压。虽然陈胜、吴广起义遭受到挫折,但是各地起义军仍继续坚持斗争。陈胜、吴广发起的秦末农民大起义在中国历史上开创了武装反对黑暗统治的传统,影响至为深远。

刘邦起兵于沛

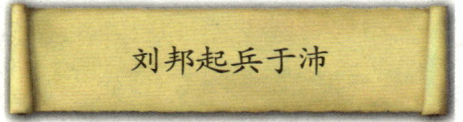

刘邦(前256年～前195年,一作前247年～前195年),字季,沛县(今属江苏)人,为人豪爽慷慨,不喜欢从事农家生产,经常应征至咸阳服徭役。一次在咸阳服役时,正好遇到秦始皇出行,为皇帝的威严所震动,不禁发出感叹:"大丈夫就当如此!"后来,他出任泗水亭长,一次为县廷押送役徒去骊山(今陕西临潼东南),途中很多

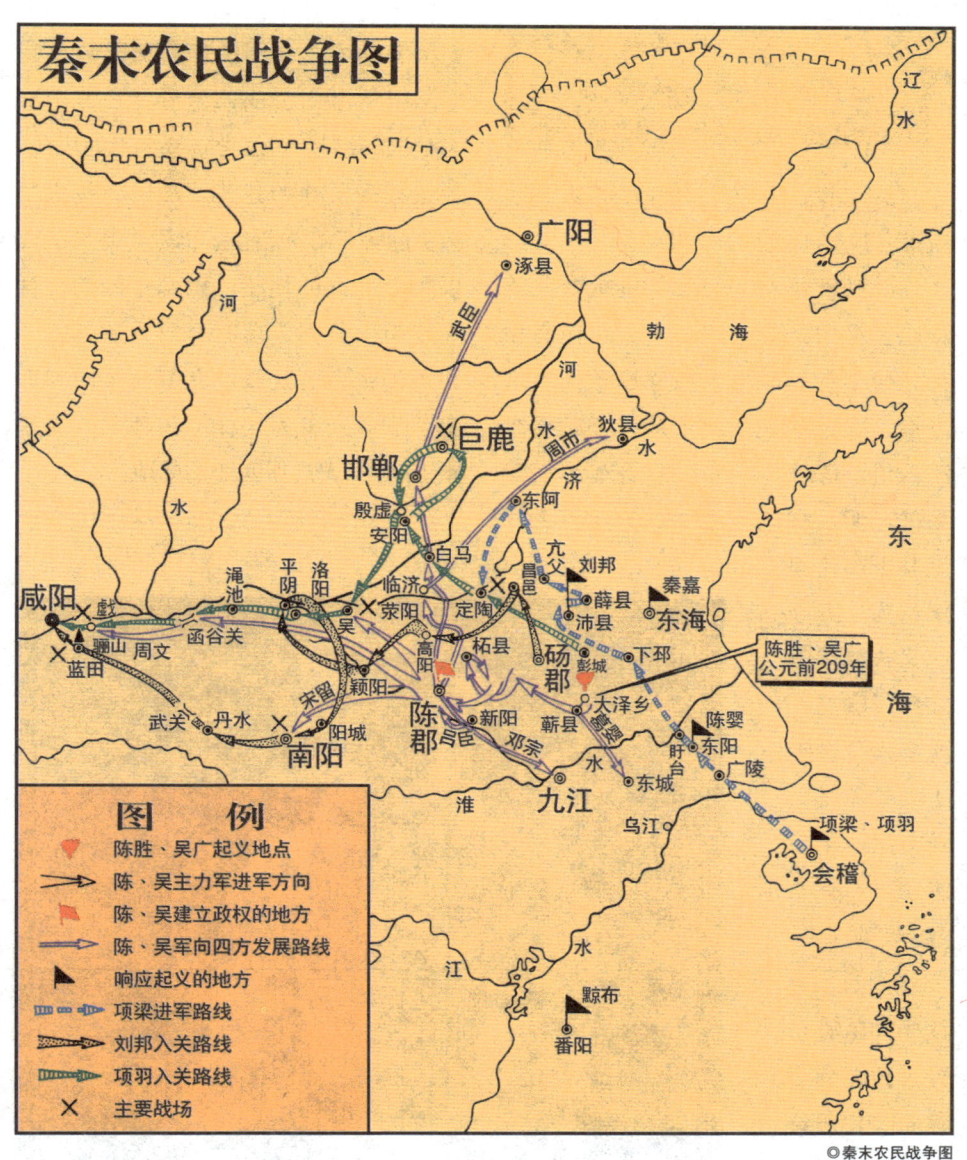

◎秦末农民战争图

役徒逃亡，刘邦无法阻拦，考虑到等到了骊山，役徒也就已经逃尽，自己不免获罪，于是，来到丰（今江苏丰县）西泽中亭时，刘邦趁黑夜把役徒全部释放；其中有19名壮士愿意跟随刘邦，一起藏匿于芒、砀（今安徽砀山东，芒山在其北）山泽之间。

后刘邦在沛吏萧何、曹参等支持下，杀死沛县县令，起兵响应陈胜、吴广起义。收编步兵2000余人，自称为沛公，开始反秦。

项梁立楚怀王孙为王

秦二世二年（前208年）六月，项梁立楚怀王之孙心为王。

陈胜部将召平得知陈胜兵败，就渡江至吴中，假托陈王之命，任命项梁为楚上柱国，命令他急速率兵西进击秦。项梁于是率江东八千子弟兵渡江西进，陈婴、英布、蒲将军等相继率部归附，项梁兵力达到六七万人，进驻下邳。项梁认为，陈胜起义失败，不知到了哪里，而秦嘉背叛陈王立景驹是大逆不道，于是出兵击杀秦嘉，景驹逃走。

六月，项梁确知陈胜已死，便在薛召集起义将领议事，刘邦也应召前往。居鄛人范增这时年已七十，善于出谋划策，他认为陈胜失败是因为他不立楚国的后代而立自己为王，引用楚南公的"楚虽三户，亡秦必楚"的说法，劝项梁立楚怀王的后代。项梁接受了他的建议，从民间找来楚怀王的孙子心立为王，仍称作楚怀王，以顺应民众的期望，定都于盱眙，拜陈婴为上柱国，项梁自封为武信君，并采纳张良的建议，立韩公子成为韩王，任命张良为司徒，和韩王一起率领1000多人占据西边的韩地。

◎秦跽坐俑

赵高专权·指鹿为马

逸闻趣事

秦二世二年（前208年）八月，由于秦二世的残暴统治，天下义军争相起兵灭秦，反而丞相李斯等人被二世疏远，宦官赵高越发专宠。

赵高（？～前207年），为人强悍，精通狱法，行事狡黠机敏，被秦始皇任命为中车府令。沙丘之变中，又为二世皇胡亥立下大功，被升为郎中令，拥有重权。

◎秦陶马

赵高自知权力大，想要检验朝官是否俯首听命，便在朝会时献上一只鹿，并指着它说是马。二世笑着说："丞相搞错了，把鹿当成马！"又问左右群臣是鹿是马，有人沉默不语，有人害怕赵高而回答是马，也有人则据实而言。事后赵高阴谋杀害了那些回答是鹿的人。从此，人人自危，没有人再敢说赵高有错。

这时，刘邦军队已攻克武关，关东大部分地区落入义军之手。赵高害怕二世责难，谎称有病不能上朝，暗中却密谋杀掉二世胡亥。赵高让其弟郎中令赵成作内应，诈称搜查贼人，派人率兵进入二世所住的望夷宫，秦二世问可否见赵高，答"不可"；问"愿为一郡王可否"，答"不可"；再问"愿为万户侯可否"，仍曰"不可"；最问"愿与妻子为黔首可否"，还是不被应允，二世走投无路，只好自杀。赵高立二世兄子子婴，贬号为秦王。

破釜沉舟巨鹿大战·项羽威震诸侯

秦二世三年（前207年）十二月，项羽率军渡河，破釜沉舟，在巨鹿大败秦军，各路诸侯军都归顺项羽。

楚怀王派宋义为上将军，项羽为次将，范增为末将，率主力军去救赵。二世三年（前207年）十月，宋义率军到达安阳（今河南安阳西南），停留46天不进。项羽建议迅速引兵渡河，赵、楚二军里应外合，出其不意，击败秦军，以解巨鹿之围。宋义贪生怕死，不同意项羽的战术，认为不妨先让秦、赵相斗，秦兵即使战胜也已疲劳，楚军趁势出击即可制胜，而秦兵若战败就更好，楚军不必北上，转而西进，乘关中之虚一举灭暴秦。因此他下令

全军不准出击,违者一律斩首。当时正值天寒大雨,士卒饥寒交迫,而宋义却在军中饮酒作乐。项羽大怒,杀掉宋义,诸将被慑服,一致拥护项羽,共立项羽为假(代理)上将军。楚怀王知道后就即封项羽为上将军,挥师北进。

同年十二月,项羽先命英布、蒲将军领兵二万人横渡漳水河,截断秦军粮道,然后亲率全军渡河。渡河完毕,命令士兵沉船只,破釜甑,烧庐舍,只携带三日口粮,宣示全军死战,不求生还的决心。

军旁,无人敢派兵出战。及项羽率军进抵巨鹿,迅速出击秦军,楚军勇猛无比,莫不以一当十。战斗中诸侯将领都在自己营壁上观望,只见楚军杀敌勇猛异常,喊声震天,战斗激烈,诸侯军无不心惊肉跳。经过殊死血战,项羽率军终破20万秦军,大败秦军,生擒秦将王离,斩杀苏角。章邯带残兵败逃,退回棘厚(今巨鹿城南)。

战斗结束后,项羽召见诸侯将领,众将进入辕门时,个个跪行,不敢仰视。项羽从此威震诸侯,成为诸侯上将军,统领诸侯之兵。巨鹿之战结束后,二世派人斥责章邯,章邯权衡利害,终于投降了项羽。

◎项羽像

当秦军围巨鹿时,赵将陈余率数万人驻守巨鹿城北,因为兵少而畏缩不敢迎击秦军。救赵的齐燕等诸侯兵共数万人,分十多个营垒屯驻在陈余

刘邦入关灭秦

秦二世二年(前208年)闰九月,刘邦奉楚怀王之命,率兵西入函谷关(今河南录宝东南),伐灭秦朝。早在同年七月,农民起义军进攻定陶(今山东定陶西北)失利,西进函谷关又受阻,楚怀王与诸将约定:"先入定关中者王之。"由于刘邦待人宽厚,有长者之风,定能得关内百姓拥护,所以楚怀王命他收编陈王胜和项梁的散卒,率部西进入关。

十月,刘邦率军攻下成武,十二月领兵抵达栗(今河南夏邑)。第二

年春二月，北击昌邑（今山东金乡西北）不克，但收编了来归顺的彭越及千余部众。刘邦转而率军过高阳（今河南杞县西）时，里监门郦食其求见。刘邦素来不喜欢儒术，如有儒生求见，就会抢去他们的帽子撒尿，郦食其求见时，刘邦正坐在床上让两个女子洗脚，郦食其长揖拜后，斥责刘邦对长者无礼，刘邦于是中止洗脚，请郦食其上座，虚心求教。他听从郦食其的计谋，避开秦兵的锋芒，首先攻取了交通要道陈留（今河南开封县东南），获得大批军粮供给。郦食其因此被刘邦封为广野君，他的弟弟郦商率数千人加入刘邦，被封为将。刘邦兵力更为壮大。

三月攻克白马后，刘邦又于四月进占颍川（今河南禹县）。张良率军在此地与刘邦合兵，刘邦留下韩王成守阳翟，自己与张良一同南进。七月，又得南阳（今河南南阳）郡守吕齮投降。一路上，刘邦势力日益壮大，在西进途中所向无敌，先后攻下丹水（今河南淅川西）、胡阳（今河南唐河湖阳镇）及析县（今河南西峡）等。八月，刘邦率数万大军攻克武关（今陕西商南南），屠城后挥师北上，直逼咸阳。

在义军紧逼的情势下，秦中丞相赵高唯恐二世迁怒，称病不朝。秦二世派人捉拿赵高问罪，赵高便与他的女婿咸阳令阎乐、他的弟弟赵成合谋杀了二世，命二世的侄子子婴斋戒五日，准备即王位。子婴了解赵高已与义军有密约，发兵在斋宫诱杀赵高，夷灭赵氏三族，并派兵扼守峣关（今陕西蓝田东南），抗拒义军攻势。

这时，刘邦已经率领数万大军到达峣关南面。依照张良的计谋，义军在山上大量张插旗帜设疑兵之计，张扬声势，并派郦食其与陆贾劝秦将投降，同时，刘邦却带兵绕过峣关，翻越黄山，突然袭击蓝田（今陕西蓝田西），大破南北两面的秦军，于是据守峣关的秦军全部瓦解。前206年，沛公刘邦进驻霸上（今陕西西安东），秦王子婴投降，秦王朝灭亡。

西汉

大事纪
公元前206～公元23年

● 公元前206～前180年

- ● 公元前206年　刘邦约法三章；项羽自任西楚霸王；楚汉相争，刘邦败走。
- ● 公元前203年　楚汉划鸿沟为界。
- ● 公元前202年　刘邦称帝。
- ● 公元前201年　刘邦大肆分封同姓诸侯。
- ● 公元前196年　吕后诛杀韩信。
- ● 公元前193年　萧规曹随。
- ● 公元前188年　吕后临朝改制。
- ● 公元前180年　吕后病逝，周勃、陈平平定汉室，汉文帝即位。

- 公元前 154 年　七国之乱爆发。
- 公元前 139 年～前 127 年　张骞出使西域。
- 公元前 136 年　汉武帝采纳董仲舒意见,独尊儒术。
- 公元前 127 年　汉武帝颁行推恩令,废分封制。
- 公元前 119 年　卫青、霍去病大胜匈奴。
- 公元前 100 年　苏武牧羊。

● 公元前 154～前 100 年　　● 公元前 96～23 年

- 公元前 96 年　司马迁编撰《史记》。
- 公元前 87 年　汉武帝托孤,汉昭帝立,霍光辅佐。
- 公元前 74 年　汉昭帝薨,汉宣帝立。
- 公元前 33 年　汉匈和亲,昭君出塞。
- 公元前 18 年　赵飞燕入宫受宠。
- 公元 8 年　王莽篡汉建立新朝,西汉灭亡。
- 公元 17～27 年　绿林、赤眉军起义。
- 公元 23 年　昆阳大战,刘秀灭新朝。

刘邦约法三章

汉元年（前206年）十月，刘邦率军由蓝田（今陕西蓝田西）至霸上。秦王子婴向刘邦投降，至此，秦朝灭亡。

刘邦进入咸阳，诸将争先进入金帛财物府库分占财物，只有萧何一人首先进入秦丞相府收缴图籍、文书、律令，并妥为保藏。刘邦由此掌握全国山川险要、郡县户口、民情疾苦等社会情况，为此后平定天下奠定了战略基础。此后刘邦听从樊哙、张良建议，将大军撤回霸上。

◎古汉台

十一月，刘邦在霸上召集各县"父老""豪杰"开会，并当众宣布他曾经和诸侯订立盟约，率先进入函谷关（今河南灵宝东南）的人就封为关中的统治者，因此理当由他统治关中。现在与各位父老约法三章，即"杀人者死，伤人及盗抵罪"，其余秦苛法一律废除。秦地百姓非常高兴，刘邦也因此奠定了民众基础。

鸿门宴

汉元年（前206年）十一月，项羽在新安（今河南渑池千秋镇）活埋投降秦兵20万后，率军日夜兼程西进，逼近关中。当时，刘邦已占据关中，为对抗项羽，派兵扼守函谷关（今河南灵宝东南），并速调关中汉兵增援。

十二月，项羽率军至函谷关，见关门紧闭，又听说刘邦已平定关中，大怒。于是命令英布攻破函谷关，进兵至戏（今陕西临潼西北），准备讨伐刘邦。此时项羽拥兵40万，号称百万，驻扎新丰鸿门（今陕西临潼东的项王营），刘邦有兵10万，号称20万，安营霸上（今陕西西安东南）。

项羽谋士范增劝说项羽立即攻击刘邦。项羽季父项伯与张良素有交情，当夜策马刘邦军中将范增的计谋密告张良，劝张良赶快逃避。张良将情况告诉刘邦。刘邦以祝寿为借口摆下酒宴，款待项伯，并与项伯结为姻亲，请项伯从中调解与项羽的矛盾，表明毫无背叛项羽的意思。项伯答应接受刘邦请求，并要求刘邦第二天亲自到鸿门与项羽和解。项伯连夜赶回鸿门向项羽报告刘邦真情，趁机劝说项羽。项羽认为项伯所说有理。第二天早晨，刘邦亲自到鸿门面见项羽，陈述实情，说有人中伤、挑拨关系，项羽说："这是你左司马曹无伤说的。"于是设宴招待刘邦。席间，范增三次举起所佩玉玦，示意项羽杀掉刘邦，项羽犹豫不决。范增于是指使项羽堂弟项庄来席前舞剑助兴，想乘机击杀刘邦。项伯见此情况后也拔剑起舞，并经常用自己身躯保护刘邦。张良也离席去叫樊哙。樊哙携带剑盾闯入军门，指责项羽要杀有功之人。刘邦借上厕所的机会，在樊哙等人的护卫下，由小路急忙返回霸上，并立即将曹无伤处死。

◎"鸿门宴"遗址鸿门坂

鸿门宴后不久，项羽率军向西进入咸阳，纵兵屠城，杀王子婴，火烧秦都城宫室，并挖掘秦始皇坟墓，收缴秦宫室珠宝财物，虏掠宫室妇女，令关中百姓大失所望。

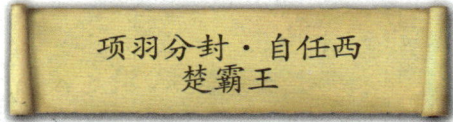
项羽分封·自任西楚霸王

汉元年（前206年）正月，项羽入关后，派人向楚怀王报告并请示封王事情。楚怀王坚持过去的盟约——"率先进入并平定关中的为王"，任命刘邦统治关中。项羽对此气愤不已，于是名义上仍尊奉楚怀王为义帝，让他仍旧居住在盱眙（今江苏盱眙东北）。二月，项羽自立为西楚霸王，掌管梁、楚地方九郡，设都彭城（今江苏徐州），并分封18个诸侯王。

项羽本来不想让刘邦为关中王，又担心违反背约之名，于是与范增策划封刘邦为汉王，统治巴、蜀、汉中等地，设都南郑（今陕西汉中），并将关中一分为三，分封秦3个降将，借以阻挡汉王东向的通道。

韩信暗度陈仓

汉元年（前206年）四月，刘邦接受项羽分封，前往南郑（今陕西汉中）就任汉王位，项羽派兵3万人护从。楚军与诸侯军中仰慕刘邦声名的数万人从杜（今陕西长安杜曲）向南进入子午谷，随刘邦进入汉中，张良送至褒中（今陕西沔县东）后和刘邦告别，并返回辅助韩王成。临别时，张良劝说刘邦烧绝所经过栈道（又名阁道，古代在山崖上架木为道以通行），以防诸侯偷袭，并麻痹项羽，表示此去后没有再返回之意。

韩信以前仗剑投奔项梁军，项梁兵败后归附项羽，曾多次向项羽献计，始终不被采纳，于是离开项羽出走，

◎韩信像

投奔刘邦。

汉将夏侯婴将韩信推荐给刘邦，但未被重用。韩信多次与萧何谈论，为萧何所赏识。刘邦至南郑途中，韩信思量自己难以受到刘邦的重用，中途离去，被萧何发现后追回，萧何再次向刘邦推荐韩信，称他是汉王争夺天下不能缺少的大将之材，应重用韩信。刘邦采纳萧何建议，并择选吉日，斋戒，设坛场，拜韩信为大将。于是韩信劝说刘邦抓住时机，利用将士锋芒正锐，向东出击以建大功，鼓动刘邦"决策东向，争权天下"。刘邦听后很高兴，并采纳韩信计策，决心东进，夺取天下。同时，项羽杀韩王成，张良逃离韩地，秘密经小路回到刘邦军中，刘邦封张良为成信侯，替自己出谋划策。

八月，关东地区战火又起，项羽无暇西顾，刘邦想乘机占领关中，韩信为迷惑敌人，采取了"明修栈道，暗度陈仓"的战术，先派兵在褒谷（今陕西沔县褒城镇北）、斜谷（今陕西眉县西南）一线假装修复栈道，虚张声势，迷惑敌人。实际上，韩信率汉军主力暗中由故道（今陕西凤翔西北）偷越陈仓（今陕西宝鸡市东），向雍王章邯发起突然袭击，连败章军。章邯退回废丘（雍都，今陕西兴平东南）。刘邦进入咸阳，率兵包围废丘，并分派诸将攻占秦地。此时，塞王司马欣、翟王董翳都见机向刘邦降。于是刘邦平定雍、塞、翟三秦地，占据关中，使之成为楚汉战争中与项羽争夺天下的后方基地。

◎千佛崖蜀道

楚汉相争·彭城大战，项羽大败刘邦

汉元年（前206年）八月，关东战火续起，刘邦也出兵关中，平定三秦地。汉二年（前205年）十月，赵将陈馀与齐相约联手攻击并驱逐常山王张耳，张耳兵败归附汉王。刘邦出关镇抚关外父老，河南王申阳投降，刘邦以他的领地设立河南郡，并让韩襄王孙信为韩太尉，率兵在阳城（今河南登封东南）进攻韩王郑昌（项羽所立），以扫除东进障碍，郑昌投降。十一月，刘邦立韩太尉信为韩王。

汉二年正月，刘邦手下诸将攻克北地郡（今甘肃西峰东南），俘虏章邯弟章平。三月，刘邦由临晋（今陕西大荔朝邑）渡过黄河进入河东郡（今山西夏县西北），魏王豹投降。此后刘邦率军东进攻取河内郡（今河南武陟西南），活捉殷王司马卬，并以他的领地设立河内郡。此时刘邦汉军势力日益强盛。另外，汉二年十月，项羽暗中命令九江王英布、衡山王吴芮、临江王共敖等袭击义帝，并将义帝杀死在长江中。三月，刘邦至洛阳新城，采纳三老（官名，掌一乡之教化）董公建议为义帝发丧，并遣出使者向各路诸侯通报，要求大家协同作战，讨伐项羽。四月，刘邦率领五路诸侯（常山、河南、韩、魏、殷）联军共56万人，从洛阳出发，号召为义帝复仇，向东讨伐项羽。行至外黄（今河南杞县东），彭越率兵3万余人归附汉王。刘邦任命他为魏相国，命令他率兵平定梁王的领地。刘邦迅速进入彭城，接收项羽的物资、珠宝和美人，日日饮酒作乐。项羽闻讯，命令其部将留守齐地，自己率3万精兵南下向刘邦扑来。项羽从鲁（今山东曲阜）一路南下，越过胡陵（今山东鱼台东南）进军到彭城西郊的萧县（今安徽萧县西北），并于第二天早晨向刘邦汉军发起攻击，东逼彭城，至中午大破汉军。汉军南逃，项羽紧追不舍，至东濉水上，汉军跌入水中被淹死10余万人，竟阻断一河水流。适逢由西北方向突然刮起大风，飞沙走石，一时天昏地暗。楚军惊骇，阵脚大乱而溃散。刘邦乘机与几十名骑兵逃去。途中与子刘盈（即后来的汉惠帝）、女鲁元公主一同逃走。刘邦的父亲太公、母亲刘媪及妻子吕雉等则为项羽俘虏，作为人质。

◎西汉步兵持盾陶俑

经此一战,诸侯再一次背叛汉王亲楚王。刘邦也因此而大伤元气,不得已由彭城退守下邑(今安徽砀山),渐渐收集失散和逃亡的士卒。五月,刘邦到荥阳,各路败军都来会集,此外又得到关中兵员补充,势力再次大振,于是和项羽楚军在京(今河南荥阳东南)、索(今荥阳)之间相持不下。

小辞典 人物 背水一战的韩信

汉二年(前205年)五月,魏王豹借口回魏都平阳(今山西临汾襄陵东北)探望母亲疾病之机背叛汉王而归附楚王。刘邦派郦食其前往劝他回心转意,魏王豹拒绝。八月,刘邦以韩信为左丞相,与灌婴、曹参等协同攻击魏王豹,大败魏军。九月,韩信活捉魏王豹,平定魏地。后韩信派人请刘邦增兵3万人向北攻取燕、赵,向东进攻赵王,向南切断楚军后勤补给通道。刘邦同意,并命令张耳率军增援,与韩信合力向东进攻,并向北攻击赵、代。闰九月,韩信击破代军,活捉代相夏说。

汉三年(前204年)十月,韩信、张耳率军数万越过太行山,向东攻击赵地。当时,赵王歇与赵军统帅成安君陈馀在井陉口(又名土门关,在今河北井陉,为太行山八大陉口之一)聚集重兵,号称20万,想与韩信决战。广武君李左车建议从小路出兵消灭其辎重"以出奇制胜",陈馀不听。韩信知道情况后大喜,于是采用"置之死地而后生"的背水阵战术,率兵离井陉口30里地时停止进军。半夜时分,

向部将发出出兵的命令,并首先挑选轻骑2000人,每人手持红旗,由小路顺着山边隐蔽前进,至赵军营壁附近待命。另派万人作为先锋进军至绵蔓水(在井陉境)东岸,背对着河水摆下战阵。天明,韩信竖大将旗鼓,向井陉口攻击。赵军一看,立刻开壁门迎战。经长时间的激战后,韩信、张耳假装战败,向水上军逃跑,双方又展开激战。赵军见汉军背水而立,后无退路,于是倾巢出动猛攻汉军。

此时,先行埋伏赵营附近的2000汉军轻骑立即驰入赵壁,将赵旗全数拔去并竖立起汉帜。汉军水上军因后无退路,拼力死战,赵军久战不下,想撤回大本营,突然发现赵壁上空汉帜招展,军心大乱。韩信指挥汉军乘势夹击,大破赵军。陈馀也于泜水上为汉军所杀,赵王歇及李左车等都为汉军俘虏。此后,燕地望风而降。

楚汉相持广武·划鸿沟为界

汉四年(前203年)十月,刘邦与项羽相持于广武(今河南荥阳东北),项羽想与刘邦单独挑战,刘邦列数项羽十条罪状:"羽负约,王我于汉,罪一;矫杀卿子冠军,罪二;救赵不报,而擅劫诸侯入关,罪三;烧秦宫室,掘始皇帝冢,私其财,罪四;杀秦降王子婴,罪五;诈坑秦子弟新安20万,罪六;王储将善地,而徙逐故主,罪七;出逐义帝,自都彭城,夺韩、梁地,罪八;使人阴杀义帝江南,罪九;为政不平,主约不信,天下所不容,

大逆无道，罪十。"项羽大怒，埋伏箭手射中刘邦胸口。刘邦由于伤重，因而驰入成皋。

八月，楚汉两军相持在广武达3个月之久，项羽自知难以得到他人援助，粮草快要耗尽，韩信又进兵攻击，于是被迫与刘邦订立和约：以鸿沟（今荥阳东南）为界，中分天下，鸿沟以西属汉，以东属楚。后项羽遵照和约，送还彭城大战后被俘而作为人质的太公、吕雉等刘邦家人，率军向东，返归原地。而刘邦谋臣张良、陈平等劝说刘邦乘楚军饥饿疲惫之机派兵追击。

◎西汉博弈老叟

◎"汉并天下"瓦当

项羽自刎乌江

汉四年（前203年）八月，楚汉订立鸿沟和约，项羽履约，而刘邦追击楚军，开始了刘邦对项羽的歼灭战。

经过数次胜负战斗，至汉高祖五年（前202年）十二月，刘邦部将韩信率30万汉军和诸侯联军，将项羽的10万军队紧紧包围在垓下（今安徽灵璧东南）。此时项羽兵少粮尽，士气低落，与汉军接战不能取胜，无奈只得退入营壁。到了夜间，四面汉军都唱起楚歌，瓦解项羽的军心，10万楚军最后逃得只剩下了数千人。项羽听见四面楚歌，以为汉军已经全部占领了楚地，于是陷入绝望。半夜在帐中饮酒，情怀悲凉，不由得对着爱姬虞姬慷慨悲歌："力拔山兮气盖世，时不利兮骓不逝！骓不逝兮可奈何，虞兮虞兮奈若何！"高歌数遍。虞姬唱和，随后自杀死。于是项羽乘乌骓马率800精骑趁夜突围南逃。天明，韩信命令灌婴率5000骑兵追赶。项羽渡淮河，跟从者仅百余人，至阴陵（今安徽和县北）迷失道路，向一田夫打探，田

夫欺哄说往左去，不料竟陷入沼泽中，为汉军追上。不得已，项羽又率兵向东逃到东城（今安徽定远东南），这时身边仅剩骑兵28名。项羽自料难以逃脱，于是仰天长叹，认为是上天要灭亡他，而并不是战争之罪，于是策马大呼，飞驰而上，斩杀汉兵上百人，最后退到乌江（今安徽和县东北），准备渡江返回江东。当时乌江亭长在江岸边备好渡船，只是项羽自己无颜见江东父老，在斩杀汉追兵数百人后举剑自刎，年仅31岁。

刘邦称帝

项羽兵败在乌江岸边自刎后，刘邦随即平定楚地，不久其他地方也渐渐投降归附。汉五年（前202年）二月，诸侯王都上疏请求尊奉汉王为皇帝。刘邦于是在汜水（今山东曹县附近）之阳即皇帝位，成为西汉王朝的开国皇帝，这就是历史上的汉高祖。尊奉王后称皇后，太子称皇太子。刘邦称帝初期建都洛阳，不久迁都长安。

刘邦分封同姓王

汉高祖六年（前201年）正月，刘邦大封同姓诸侯王以镇抚天下。

西汉初年，出于政治上和军事上的需要，在郡县制外刘邦分封了一批异姓王国，但刘邦对他们并不放心，因为他们是异姓，是刘汉天下的割据分裂因素。因此，刘邦想方设法剪除异姓王，以同姓子弟为王来取代他们。首先以企图谋反罪逮捕韩信，将其贬为淮阴侯。接着又以谋反罪诛杀彭越，并率兵征伐英布，逼使韩王信、卢绾投奔匈奴。而后以谋反罪废除赵王张敖改任为宣平侯。这样，除国小势弱的长沙王吴芮外，异姓王皆被消灭。

随即刘邦以天下刚刚平定，儿子幼小，兄弟少，在讨伐秦朝的战争中又有阵亡等为借口而分封同姓诸侯王以统治关东地区。当时将楚王韩信的封地一分为二，划分为两个诸侯国：任命从兄、将军刘贾为荆王来统治淮河以东53县；任命弟、文信君刘交为楚王以统治薛郡、东海、彭城等36县。又以云中、雁门、代郡等53县立兄、宜信侯刘喜为代王；以胶东、胶西、济北、博阳、城阳郡73县立微服私访

◎刘邦像

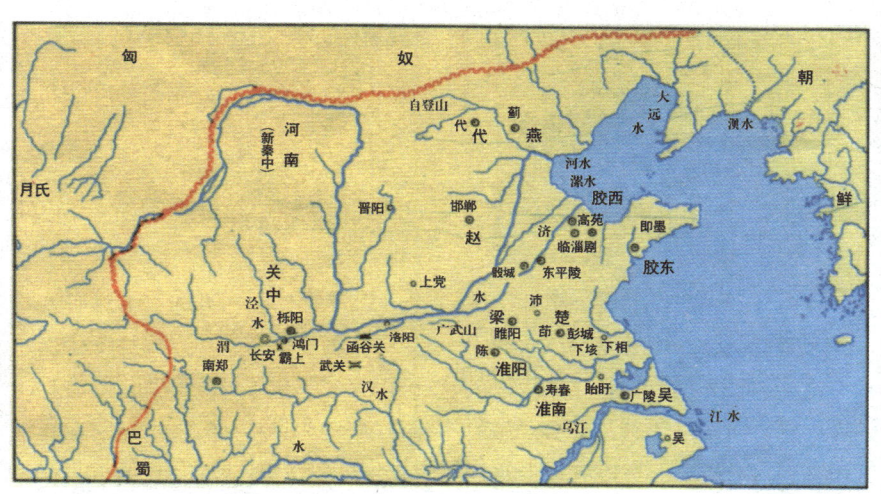

◎汉初封建图

时与别人所生之子刘肥为齐王。同时与众大臣订立盟约,规定今后凡不是刘氏而称王的,天下共同征讨。此后刘邦还立刘长为淮南王、刘建为燕王、刘如意为赵王、刘恢为梁王、刘友为淮阳王、刘恒为代王、刘濞为吴王等。到高祖十二年(前195年),刘邦共封刘姓11人为诸侯王。虽然大封刘姓为王加强了中央对地方的控制,但是也为日后诸侯王的叛乱奠定了物质基础。

 小文化辞典

最早行星运动记录

◎汉代帛画《彗星图》

　　两汉时期,对天象的观察,已取得了巨大的成绩,其观察的细致和精确程度,也足以令今人惊叹,其中最为代表性的便是1973年在湖南长沙马王堆三号汉墓出土的帛书《五星占》。

　　《五星占》为隶书,另有29幅彗星图。其中,占文部分保存了甘氏和石氏天文书的一部分,尤以甘氏的为多,全书详细叙述了从秦王政元年(前246年)到汉文帝三年(前177年)这70年间金、木、水、火、土等五大行星的运行情况及准确位置,并推出它们的会合周期和公转周期,另外,彗星图的画法还显示了当时已观测到彗头、彗核和彗尾,并且彗头和彗尾还有不同的类型。

　　《五星占》成书于前170年,比古希腊天文学权威喜帕恰斯的有关记录至少早一个世纪,是世界上最早记录有关行星运动的史料。

汉与匈奴和亲

汉高祖八年（前199年）九月，刘敬向刘邦建议与匈奴和亲，以求边境安宁。

汉高祖七年（前200年），刘邦被匈奴击败于平城白登山，楚王韩王信投降匈奴。匈奴单于冒顿兵强马壮，有精锐骑兵40万，不断侵扰汉朝北部边境。高祖刘邦深以为患，向刘敬询问对策。刘敬提出"和亲"就可以不用征战使匈奴称臣。刘邦深以为然，准备派遣长公主前往匈奴。吕后知道后为此日夜哭泣，因为她只有一子一女，不愿长公主远去匈奴，高祖无奈，只好于高祖九年（前198年）冬，派刘敬前往匈奴，以"家人子"（汉宫人名号）冒充长公主嫁给单于冒顿，并约定每年进奉匈奴絮缯酒食各若干，约为兄弟，缔结和亲之约。

这是汉匈之间第一次和亲，并开放汉与匈奴之间的关市，由此汉北部边境逐渐安宁。此后，汉惠、文、景诸帝时又各遣宗室女或公主与匈奴单于联姻。

吕后诛杀韩信

在经历数年的楚汉之争中，韩信作为刘邦最得力的大将冲锋陷阵，为刘邦打败项羽，建立汉天下创立了赫赫战功。然而，韩信却遭到刘邦及吕后的猜忌，楚汉战争一结束，韩信即被改封为楚王。高祖六年（前201年）十月，刘邦再次采用陈平计谋，伪游云梦，诱捕韩信。十二月，废除韩信的楚王位，将他贬为淮阴侯。韩信郁

◎"单于和亲"瓦当

◎韩信像

郁不得志，称病不参加朝廷活动。

汉高祖十年（前197年）九月，刘邦宠臣陈豨反叛，自立为赵王，劫掠赵、代属地。刘邦用羽檄征召天下兵士，并亲自率兵征讨陈豨。韩信一向与陈豨交情不错，于是称病在家，不听从刘邦诏令，暗地里派人去向陈豨报告，谋求里应外合，并准备与家臣乘夜伪称诏令大赦诸官罪犯和奴役，发兵袭击吕后和太子。当时韩信舍人得罪了韩信，韩信想杀掉他。舍人弟怀恨在心，于是向吕后告发韩信谋反情况。吕后想召韩信，又担心他的党羽作乱，便与丞相萧何商讨计策，诈称有使者从刘邦军中来，并说陈豨战败已死，让列侯群臣庆贺。萧何极力要求韩信入宫庆贺，韩信不知是计，入宫后，吕后即令武士将韩信抓起来。韩信被吕后斩杀于长乐宫钟室，被灭三族。

汉高祖预定后事

汉高祖十一年（前196年）七月，淮南王英布谋反，刘邦亲自率军平叛，不幸为流箭击中，途中未得及时医治，又加舟车劳累，难以为治。临终前吕后问刘邦，陛下及相国萧何死后，谁可代替相国萧何，刘邦认为曹参可以；吕后再问还有谁可以，刘邦又认为王陵可以，不过王陵主意不多，陈平可以给予辅助；陈平主意虽多，但是难以独当一面，并认为周勃为人厚道，性格刚强，将来安定刘氏天下的一定是他，可以让周勃当太尉，掌握兵权。吕后又问以后的事，刘邦说，此后也不是你所能知道的了。高祖刘邦预定后事对维护汉初社会稳定、发展生产有一定作用，同时也抑制了吕后的扩权野心。

◎刘邦祭礼图

汉高祖十二年（前195年）四月，刘邦终于病逝。葬于长陵（今陕西咸阳东），群臣以"帝起细微，拨乱世反之正,平定天下,为汉太祖,功最高"，尊为高皇帝。五月惠帝即位，吕后被尊为太后，渐露专权野心。

吕后毒杀赵王

刘邦称帝后，立刘盈为太子，但刘邦嫌刘盈为人仁慈心软，时常想废掉他，而立宠姬戚夫人之子赵王如意为太子。汉高祖十年（前197年），刘邦欲废太子刘盈而立赵王如意。群臣

反对，都不得要领。吕后于是问计张良，张良建议请商山四皓辅助太子，使刘邦不敢改立。御史大夫周昌极力进谏，刘邦也明白太子已羽翼丰满，很难改立，只得作罢。但刘邦担心自己死后戚夫人母子难得保全，因而任命周昌为赵国丞相，以护卫赵王。

汉高祖十二年（前195年）四月，高祖刘邦去世，五月，太子刘盈即皇帝位，是为孝惠皇帝，尊吕后为皇太后，吕后因废立太子之事，非常痛恨戚夫人及其子赵王如意，此时便命令将戚夫人囚禁在永巷，穿红褐色衣服，罚她做舂米劳役。戚夫人一边舂米一边唱道："子为王，母为虏，终日舂薄暮，常与死为伍！相离三千里，当谁使告女？"吕太后听说大怒，于是命令赵王入京，派出的人往返三次，但赵王仍然没有按要求入京。太后大怒，便改召赵国丞相周昌入京，并派人再一次召赵王入京。惠帝刘盈知道太后的愤怒，于是亲自迎接赵王入宫，并与他一起起居饮食，以防太后对赵王下毒手。太后想杀赵王，但一时难有机会下手，数月后，惠帝清晨起身外出狩猎，赵王年纪小未能早起。太后打听到赵王一个人独处后，于是派人强迫赵王喝下毒酒。待惠帝回宫，赵王已死，改任淮阳王为赵王。此后不久，太后又派人斩断戚夫人手和脚、挖去眼睛、耳，饮喑药，并让她居住在窟室中，命名为"人彘"。后又召刘盈去看，惠帝知道是戚夫人，被吓得大哭，由此患病卧床不起一年之久，此后日夜饮酒作乐，不理政事，朝中大权为吕后独揽。

◎西汉鼠吃葡萄

逸闻趣事 萧规曹随

汉惠帝二年（前193年）七月，相国萧何病故，曹参继任为相国。

曹参，沛县人，秦末刘邦起兵反秦，他以亲信之臣追随左右，身经百战，功勋显赫。汉朝建立后，曹参为齐国丞相，辅佐齐王刘肥治理齐国。他用黄老思想指导治国，任齐相9年间，齐国安宁和睦，被称为贤相。汉高祖刘邦临终时明确说明曹参可代萧何为相国。萧何死，曹参继任相国位。

曹参任相国后，举事无所变更，一切均按萧何制订的成法行事。委任属吏喜欢选择郡国官吏中不善辞令的忠厚长者，凡哗众取宠、夸夸其谈、务求声名的官吏则被警告或罢免。自己又经常宴请卿大夫、宾客、部下等日夜饮酒作乐，不理政事。对那些想规劝他的人即以美酒招待，直至醉而不能规劝为止。惠帝责怪他不理政事，并让曹参之子曹窋询问其父为何不问政事，每日饮酒作乐。曹参大怒而鞭笞其子，并回答惠帝说：高皇帝和萧何平定天下，制定各项制度和法令，现在陛下垂拱无为，我任相国恭谨守职，遵循成法行事而不出偏差，不就行了吗？惠帝听了十分赞赏。曹参任相国3年而死，成绩显著。时百姓民谣说："萧何为法，讲若画一；曹参代之，守而勿失。载以清靖，民以宁一。"后世以"萧规曹随"比喻按照前人的成规办事。

◎曹参像

萧何建石渠阁

汉高祖九年（前198年），汉相萧何很有远见地注意到了图书档案，把秦朝丞相府、御史府等重要官署的律令、图书收藏起来，在长安未央宫殿北建成了石渠阁，成为中国最早的中央档案中心。

◎萧何像

为了防火与保卫，石渠阁下用石头砌成了沟渠，用来盛水导水，石渠阁也因此而得名。由于汉高祖接受了秦朝毁灭图书的教训，"大收篇籍，广开献书之路"，又命萧何等国家重要大臣主持图书的整理、纂辑，石渠阁的藏书日渐丰富，保存了大批珍贵的典籍，汉代形成的档案后来也贮藏在这里。

宣帝时著名的学者韦玄成、梁丘贺等还曾在这里讲诵经书，编撰史籍，

使石渠阁成为当时研究学术和修史的中心,经常有学者在此召开会议。因此,石渠阁主要以研究经学为主,具有学术研究性的专业藏书处的特征。图书档案制度至此进一步发展。西汉末年,石渠阁被毁弃。

小辞典 人物 陆贾

汉高祖十一年(前196年)五月,陆贾撰写《新语》,论仁义之说,追求儒家的理想政治,同时辅以黄老"无为而治"思想。

陆贾,楚国人,汉初儒生,跟随刘邦平定天下,能言善辩,经常奉命出使诸侯。汉初,出使南越,以辩才说服南越王赵佗臣属汉朝,拜为太中大夫。他时常在汉高祖刘邦面前说《诗》、《书》。刘邦自以为自己是骑在马上得天下的,诗书无用,每加嘲笑谩骂。陆贾则认为骑在马上能够得天下,但不能骑在马上治理天下,主张"文武并用"是长久之术,推行仁义治国,

◎西汉鎏金马

效法古代圣贤。刘邦听后自惭形秽,于是命令陆贾著书论述秦朝之所以失天下、汉之所以得天下以及历代兴亡成败的原因。因此,为总结秦亡汉兴得失,陆贾先著书12篇上奏刘邦,每奏一篇,刘邦都认为好,左右皆呼万岁,认为陆贾所著是《新语》。《新语》是汉初第一部总结秦亡汉兴经验教训的著作,内容以仁义之说为本,发挥《论语》、《孝经》之义,阐明王道,抨击霸术,主张修身用贤,追求儒道结合的理想政治。

陆贾"马上得天下不能马上治天下"的治国理想影响尤为深远。特别是在中国古代皇权专制的层层压制下,能代替人民发出痛苦的呼唤,对于我们民族生命的延续,文化的发展,文明的积累有其不可磨灭的功绩。

张良闭门学道

张良(?~前186年,或前189年,前185年),刘邦谋士,为刘邦奠定汉天下立下赫赫战功。刘邦赞扬他"运筹帷幄之中,决胜千里之外",与萧何、韩信被誉为"汉初三杰"。汉朝建立时被封为留侯。刘邦晚年想改立戚夫人子如意为太子,张良为吕后出谋划策,请商山四皓辅助太子,使刘邦不敢改立。张良晚年退出政治活动,深受黄老之学影响,曾闭门学道,并从赤松子云游天下,善导引术(即今天所说之气功)。

◎汉张良庙

吕后临朝改制

自从汉惠帝刘盈应吕后之召去看"人彘"后,因看不惯其母的残酷,于是日夜沉缅于酒色之中,不理政事,至惠帝七年(前188年)死于未央宫。

由于惠帝与张皇后没有孩子,于是取后宫美人之子作为惠帝之子立为太子。惠帝死,太子继位,史称少帝。由于少帝年幼,因此由吕太后临朝称制,代行皇帝权力。第二年即高后元年(前187年),吕后想立吕姓为王,遭到王陵等大臣和刘姓王侯的强烈反对。吕后很不高兴,于是剥夺王陵丞相大权,并以亲信控制朝廷。之后,在迫害、消灭刘姓王侯的同时,也违背刘邦与群臣"非刘氏而王者,天下共击之"的盟约,分封吕姓为王。

少帝渐渐长大成人,得知自己不是皇后所生,又听说其生母为吕后所杀,于是宣言:"太后怎能杀我母亲而让我即皇帝位呢,我现在年龄尚小,待我长大了即要改变这种情况。"吕后听说后,担心少帝将来报复,于是将其囚禁在永巷中,少帝身边的人不得见面。并且吕后又对大臣伪称少帝病重,难以康复,神志不清,不能理政,应当另立皇帝,群臣畏惧吕后表示同意。高后四年(前184年)初,废少帝并暗中杀害。五月,立恒王刘义为帝,更名弘。因太后临朝称制,因此不称元年。吕后专权后更大封吕姓为王。吕后分封吕姓为王,破坏了汉朝的根本体制,侵害了功臣集团的利益,也埋下了以后内讧的种子。吕后死后即酿成诸吕之乱。

◎吕后像

南越王

汉高后四年（前184年），吕后临朝称制后，下令禁止向南方越族地区出口中原先进的铁器农具等生产工具。第二年（前183年）春天，南越王赵佗以吕后下令关闭交易市场、禁运铜铁等为借口，自称南武帝，并发兵攻打汉朝长沙等边境地区。七年（前181年）九月，吕后派遣将军周灶率兵征讨，由于汉军不适应南方潮湿气候，军中疾病流行，士卒不能翻越南岭，效益不大。一年后吕后病死，汉朝随即停止征讨。

汉文帝即位后，对南越采取柔抚政策，为赵佗在真定故乡的祖先墓地派专门人员守护，逢年过节还随时供奉礼品，并任命赵佗昆弟担任汉朝重要官职，给予赏赐，以表示汉朝的恩宠。文帝元年（前179年）八月，文帝又派陆贾再次出使南越，向赵佗通报汉朝皇位更迭情况，以消除前嫌，并劝说赵佗放弃帝号，像过去一样与汉朝通使往来。赵佗得知实情后十分感动，点头谢罪，表示愿听从汉朝政府调遣，随即下令全国废除帝制。此后，汉文帝仍然任命赵佗为南越王，继续管理南越领地的事务。汉朝的南部边境地区也得以安宁。

◎西汉南越王金印

◎西汉南越王金印文"文帝行玺"

◎南越王墓出土的羊角玉杯

◎南越王墓出土的金玉龙形带钩

吕后病死

汉高后八年（前180年）七月，吕后因为狂犬病而死。

◎ "皇后之玺"

吕后即吕雉（前241年～前180年），字娥姁，秦末单父（今山东单县）人。汉高祖皇后，又称高皇后、高后。年轻时因她的父亲吕公为躲避仇家，移居沛县，由此结识刘邦并缔结婚姻。楚汉战争中，吕后与刘邦父母一起为项羽俘获，作为人质被扣留楚营数年。刘邦称帝时吕后被立为皇后。吕后为人残忍，富有谋略。在汉初消灭异姓王的战争中，吕后坐镇关中稳守后方，曾协助刘邦杀韩信、彭越等异姓诸侯王，为汉朝中央打击分裂割据势力，巩固统一的中央集权起了积极作用。刘邦死后，惠帝即位，吕后独揽大权，杀戚夫人及其子赵王如意。惠帝死后，吕后临朝称制，并暗中处死少帝。此外，吕后大封吕姓为王，以取代刘氏，控制军队，排斥功臣，提拔重用亲信。但吕后称制期间，继续推行休养生息的政策，因此汉朝社会比较安定，经济也得到发展。她死后不久，被分封为王的吕氏宗亲阴谋作乱，为大臣周勃等所平定，吕氏专权时代结束。

周勃、陈平安定汉室

汉高后八年（前180年）九月，周勃、陈平等人平定诸吕叛乱，使汉朝统治大权重新回到刘氏手中。

高后八年（前180年）七月吕后病死，九月，诸吕欲聚兵叛乱，夺取政权，刘章得悉消息后，派人密报其兄齐王刘襄，要齐王发兵向西进攻，以大臣为内应，消灭诸吕，拥立齐王即位。齐王随即调集全国军队，打着"率兵消灭不应当为王的人"的旗号发兵西进。相国吕产派遣大将军颍阴侯灌婴率兵迎战，灌婴本来是忠于刘氏的功臣集团的重要人物，率兵到荥阳后，安营扎寨，并派人与齐王联合，拥兵自重，以等待吕氏之变。

◎西汉彩绘骑马俑

◎西汉兵士立俑

此时在朝廷内部，周勃、陈平等密谋策划，派人说服曲周侯郦商，并让其子郦寄去劝说吕禄将兵权交给太尉周勃。郦寄劝诱吕禄的说辞，虽然吕禄深以为是，但吕产和诸吕老人有的以为可行，有的以为不可行，因而犹豫不决。此时襄平侯纪通掌管符节，于是持节假传命令让太尉周勃进入北军。吕禄以为少帝已派太尉守北军，于是解印将兵权交给周勃。周勃进入军中号令："拥戴吕氏的袒露右肩，拥戴刘氏的袒露左肩！"军中士卒都袒露左肩，呼声震天，周勃遂统领北军。接着，周勃命令朱虚侯刘章率兵千余人以进宫警卫皇帝为名，伺机捕杀统率南军的吕产。刘章在未央宫中击杀吕产，后又捕杀吕禄，并分派人手去捕杀诸吕，不论老少一律处死，至此，吕氏集团被剿灭，统治大权又回到刘氏集团手中。

诸吕之乱平定后，周勃、陈平等大臣密商选立皇帝，大臣们接受了吕氏正因为外戚险恶而几乎危及汉家江山的教训，最后选定代王。因代王在汉高祖现存诸子中年龄最大，而且为人仁孝宽厚，其母薄氏也为人谨慎善良，因此由代王继承帝位最为合适。于是，大臣们暗中派人迎代王入长安即位。闰九月，代王刘恒一行由代到长安，在群臣拥戴下代王即皇帝位，即太宗孝文皇帝。文帝即位后大赦天下，积极推行休养生息政策，开创了汉朝盛世。

导引术在汉代定型

秦汉时期，统一的多民族的国家被建立起来，政治、经济、文化都有很大的发展，人民生活较长时期内相对安定，国力渐强，加上医学的进步，作为养生健体活动的导引术也得以发展，到汉代终于定型下来。

◎西汉帛画导引图（复原图）

导引术源于道家的神仙方术，战国时已有流行。秦汉时神仙方术盛行，方士们为追求长生不死,肉身成仙,极力倡导吐纳导引。东汉末年,道教更把追求长生不老作为最高目标,把"养生"视为通往长生不老的最好途径。他们认为人的肉体及精神均由"气"构成,而行气、导引、辟谷是养气健体的最佳方法。

◎西汉彩绘陶奁——气功入静图

秦汉时导引养生风气盛行,尤其是两汉。《史记》记载张良曾"愿弃人间事","学辟谷、道(导)引、轻身";《论衡》也说李少君、东方朔等人以"导气养性";《后汉书》则记载许多方士都是精于"导养"的养生家。东汉的"导养"风气更盛于西汉。

秦汉时导引已用于治病,导引疗法在秦汉时已被许多医生广泛应用于临床治疗中。西汉时已有导引的专著出现。如今了解汉代导引形式和特点的最完整的资料,当数马王堆汉墓出土的帛画《导引图》。西汉帛画没有总名,据考古推断为导引图,是我国迄今发现最古老的一幅健身图谱,它反映了西汉时导引发展的状况和形式、特点,在研究我国独有的"导引术"上有重要的价值。

《导引图》所绘的各种导引术式反映了西汉时导引术式已呈多样化。从《导引图》及种种情况可以看出,中国导引从战国发展到秦汉时期,内容越来越丰富,形式也越来越多样,已呈现出更为清晰的特点和发展态势,而且已被广泛地运用于健身、养生和治病中,导引术已基本定型。

皇帝陵墓规制逐步完善

西汉皇帝陵是在秦代始皇陵的基础上发展起来的。由于社会稳定,经济发达,厚葬成风,全国上下对陵墓建造都十分重视,陵墓建筑得到全面发展,逐步形成完善的规制,并且自汉起,帝王墓被专称为"陵"。汉高皇后六年(前182年),长陵城修筑,这是陵邑建造的开始。长陵是汉第一座帝陵,长陵修陵邑可见当时的帝陵规制已十分完善。

西汉皇帝都是自登基次年就开始营建寿陵。汉袭秦制,封土为方形平顶陵台,是四出羡道土坑式木椁墓,被视为墓葬中最高等的形式。墓上覆

盖高大的封土。在帝陵的西面建有后陵和陵园，还有婕妤及贵戚功臣的陪葬墓等，有的在陵园附近还建有宗庙和陵邑，形成庞大的帝陵建筑群。在陵旁建宗庙的陵寝制度是仿效君主生前居所前有"朝"、后有"寝"而设立的，死后建庙像"朝"，藏神主；后建"寝"，藏衣冠及生前用具。

秦始皇开始在墓侧建寝，西汉时庙建在陵园外，寝建在陵园内，所以陵园也称"寝园"，或将陵园与寝合称"陵寝"。东汉后，确立了以朝拜祭祀为主要内容的陵寝制度，同时废止为每一个祖先建立一庙的制度，而是把历代神主汇集到一个祖庙中。

东汉以后，提倡薄葬，帝陵的规模较以前缩小，陵体一般不及西汉帝陵的一半。现存东汉帝陵中，规模最大的是光武帝的原陵。汉代帝陵已形成以陵体为中心的平面布局形式，正南还接有简短的神道，使总体平面有了新发展。

汉代墓室早期多以土坑木椁为主，之后坚固耐久的砖石墓室逐渐代替了木椁墓。东汉时，为求陵墓安固久远，地上地下建筑材料大量采用砖石，使砖石结构的陵墓建筑得到发展。砖石墓室又因装饰材料不同，有"画像砖墓"、"画像石墓"和"壁画墓"之分，这些雕刻和壁画，题材广泛，技法多变，数量浩大，反映了当时的社会生活及雕刻、绘画的水平，成为研究汉代历史的重要资料。

◎西汉广阳顷王刘建墓

汉代陵墓地面建筑开始出现石像。西汉名将霍去病墓冢的石雕群，是模拟他长年转战的祁连山而建，石雕种类繁多，造型古朴，技法简练，是西汉石雕中的精品。霍墓是中国陵墓建筑中首例出现石雕群的，有关帝王陵石雕的记载，仍未有完整实例。东汉以后，石雕和石建筑已广泛应用在陵墓建筑上，不少实物还遗留至今。

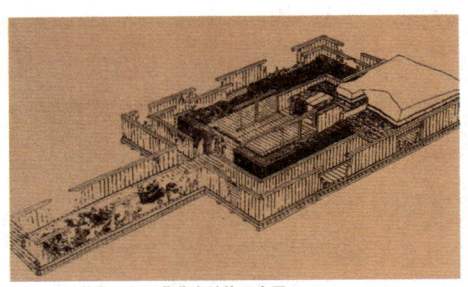

◎北京大葆台一号汉墓墓室结构示意图

西汉

小文化辞典　风筝出现

风筝的发明已有2000多年的历史了，它出现在秦汉之间。古代传说，风筝的发明者是楚汉相争时的韩信。唐朝赵昕的《息灯鹞文》说垓下之战时，韩信制成风筝，叫张良坐风筝上天，高唱楚歌，楚歌传到楚营，动摇了项羽军心。宋朝的《事物纪原》记载有韩信曾利用风筝测量距离之事。在2000多年以前，中国早已使用丝绸、麻布、竹子等，而这些是制造风筝的原料，所以风筝在此时出现是可信的，并且韩信出于军事需要考虑而发明风筝也是可能的。

从汉以后，一直到唐，风筝一直用于军事方面。唐朝以后，风筝才从军用逐渐转到游戏、娱乐。起初是帝王、富豪大户人家才能玩风筝，到北宋之后，风筝才在民间流行，逐渐演变为玩具。造纸术的发展为风筝的普及创造了条件。一般认为，纸糊风筝是五代时的李业创造的。在以后的岁月中，风筝的样式不断翻新、增多。技艺更加成熟了。

中国风筝给了人们很多飞行的启迪，对后来飞机的发明有重要的启发作用，中国古代火箭和风筝被世界公认为最古老的飞行器。

反映了人们利用自然、开发自然的特种成就和民族特质。

秦汉时期，农业是最主要的社会生产部门，并且提供了更多更广的饮食资源。随着国家的统一和版图的扩大，水利的兴修、牛耕的推广、耕作技术的提高，使谷物种植业的品种增加、粮食产量提高。畜牧业和园圃业的发展也很迅速。谷物、肉类、蔬菜和水果生产的发展，标志着饮食资源的进一步开发，为丰富人们的饮食生活提供了雄厚的物质基础。这一时期，人们已确立了以五谷为主食的饮食结构。五谷即粟、黍、麦、菽、稻。由于各地自然条件和谷物种植状况相异，不同地区的主食各有特色。秦代北方人以粟为主食，汉代北方人以麦为主食，南方人则以稻米为主食，边郡人以杂粮为主食。主食制法可分饼、饭、粥三种，其中饼又有蒸饼、烤饼、汤饼等。这些食品的做法一直沿袭至今。

副食可分蔬菜水果、豆腐和肉食品三大类。在饮食搭配上，秦汉人以五谷为主，各种水果、蔬菜、肉类为辅，互相补充，使食物多样化。这种以植物为主，以动物为辅的饮食结构延续了2000多年，至今没有大的改变。

秦汉人的饮食习俗随身份地位不同而各异，一般官吏和贫民一日二餐，上层统治者到汉代已是一日三餐，而天子们的饮食则为一日四餐。秦汉统

中国饮食方式确立

秦汉时期是我国的多元化饮食方式确立的时期。饮食状况反映了当时的生产状况、文化素养和创造才能，

治者宴饮成风，汉代饮食品种和烹调水平的菜单反映了当时唯求稀珍、重荤轻素、菜肴量过大的宴饮特点，是中国传统宴席的通病。

◎庖厨俑

秦汉人的饮食文化心态是整个秦汉时代社会心理的重要组成部分，具有民族性、等级性、地域性三个特点。在饮食文化的价值取向方面不仅体现了多重价值的集合，而且增长了夸饰性与炫耀性。

秦汉时期确立的多元化饮食体系对我国社会生活各方面产生了重要影响，并且在2000多年的历史中保持着原有的基本形态，一直沿用至今。

汉初休养生息

汉高祖五年（前202年）五月，刘邦采取了一系列旨在恢复经济的"休养生息"的政策和措施，以谋求解决政权建立之初濒临崩溃的经济情况。

秦朝末年，由于统治阶级大肆挥霍，社会经济已到了面临崩溃的地步，又经陈胜、吴广起义和历经数年的楚汉战争与诸侯混战的影响，汉朝初年，社会经济形势更加严峻。"即使是皇帝也不能具备毛色纯一的四匹马驾车，而且将军、丞相中有的只能乘牛车，百姓缺食少衣，嗷嗷待哺"，此是汉初社会经济的真实写照。有鉴于此，刘邦乃采取了一系列的政策和措施，力求社会的稳定和经济的恢复与发展。刘邦采取的这一系列休养生息的政策和措施，取得了良好的社会效果和经济效益，为汉朝初年经济的恢复发展奠定了良好的基础。

◎弋射收获画像砖

《尔雅》

《尔雅》是中国第一部以训释字、词为主要内容的训诂学专书,它开创了我国词义分类和比较研究的训诂学新阶段。它与《说文解字》、《方言》、《释书》一起构成了汉代小学的高峰,是中国语言文字学研究的重要里程碑。

《尔雅》一书的渊源很古,在相当长的流传过程中经许多学者增补,最后成书于汉初。《尔雅》是一部以先秦语词为对象通释语义的训诂专著,它所释词包括用标准语释方言词语,用当代语释古语及用常用语释难僻词语三种类型。《尔雅》全书共3卷20篇。现存19篇,内容十分详备,使这部训诂学专书具有了百科全书的性质。

的入门书,它继承了战国中期萌芽的词义类聚和比较研究的方法和成果,将分散在不同文献中的随文释义的训释材料,按同训的原则汇集起来,展示了词与词之间的意义关系。它还首创了按词的义类编排词汇的辞书编纂体例,对后世辞书影响很大,后世百科词典基本上承袭了这种体例。

此外,《尔雅》还可以帮助我们了解古代的自然状况和社会状况,因而极为后代所珍视,汉文帝时代就曾把它同《论语》、《孟子》、《孝经》并列于官学,作为通读古代文献的基本必读书。

○《尔雅》

这部书是训诂学史上第一部脱离具体语境训释语词意义的专书,它是先秦语言文字研究成就积累的结晶,汇聚了先秦文献训释的大量材料,是研究先秦文献语言

辉煌的马王堆汉墓

汉代,厚葬之风盛行,随葬品丰富多样,其中包括帛画。马王堆汉墓的随葬帛画,都是覆盖在内棺上的彩绘帛画,创作时间为西汉文帝(前179年~前163年)时期,是迄今发现的汉代最早的独幅绘画作品,是汉代美术的重要遗物。

1号墓帛画,为"T"字形,画面完整,形象清晰,自上而下基本分为三部分,描绘了天上、人间和地下各种景象。3号墓出土的一幅帛画与此幅尺寸、形制、内容都相近。这两幅帛画以有序的层次展示了汉初人们观念中的宇宙图景,取自远古神话的大量形象和按照现实描绘的人与物构成天、地、人相沟通的世界。帛画是葬仪中用以表示招魂、导引后随葬的旌幡,

又名为"非衣"。因而，画的主题是灵魂升天，画中人物（墓主人形象）正行进在通往"天国"的途中，天上日月并辉、明乐环响，龙、豹、翼鸟、玉璧等，都是吉祥、护佑的象征。发现于3号墓的另外三幅随葬帛画，描绘的内容是盛大的车马仪仗队场面，表示墓中人的生荣死哀，及其身份和显赫的家势。

马王堆汉墓的随葬帛画，内容丰富，极富想象力；人物造型带有风俗画的性质，写实和装饰相结合，线描规整洒脱，色彩绚烂协调，显示了当时已相当高的艺术水平和织绣工艺的高超技术。这是我国绘画现实主义传统的发轫，后来的北魏司马金龙墓随葬漆画与东晋顾恺之的《女史箴图》卷，与之一脉相传。

◎云纹漆钫

马王堆出土的西汉初期长沙国丞相轪侯利仓及其家属的墓葬有大量形制多样、工艺精巧、保存完好的漆器，这些漆器代表了汉代漆工艺的水平。

马王堆出土漆器共约500件，一号墓184件，15个品种，三号墓316件，12个品种，有盛放食物的鼎、盒、盘、盆，盛酒的钟、圆壶、方壶，生活用具几、案、屏风、卮、耳杯，盥洗用具匜、沐盘，梳妆用具有方、圆奁盒等，其中漆耳杯占漆器总数的一半以上。漆器大部分是木胎，只有少数奁和卮是夹苎胎。纹样则以几何纹为主，龙凤纹和草纹为辅。施花纹时有漆绘、油彩、针刻、金银箔贴等几种方法，其中金银箔贴是用金箔或银箔制成各种图纹，贴在漆面上，呈现"金银平脱"的效果。

马王堆3号汉墓出土了大批帛书及竹木简牍，其中与医学有关的帛书共14种，合称《马王堆汉墓医书》。3号墓墓葬年代是汉文帝十二年（前168年），根据书写字体考察，其抄写年代约在公元前4世纪末或3世纪初。

这批医书分别书写在大小不同的5张帛和200支竹木简（其中木简10支）上，出土时已有不同程度的残缺或损坏，后经拼缀修复及辨认研究，估计总字数3万字左右，可辨认字数约23000字。原书本无名，马王堆帛书整理小组根据内容分别定名。《足臂十一脉灸经》和《阴阳十一脉灸经》，全面论述了人体十一条经脉的循行走向、所主疾病和灸法，为现知最早专论经脉的文献，被认

西汉

◎西汉轪大侯妻墓帛画

◎西汉轪侯子墓帛画

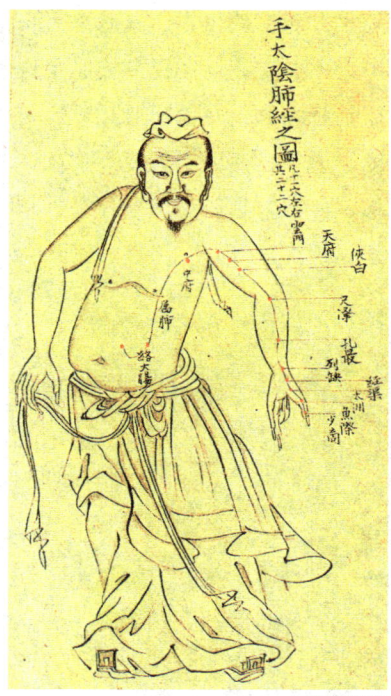

◎手太阴肺经

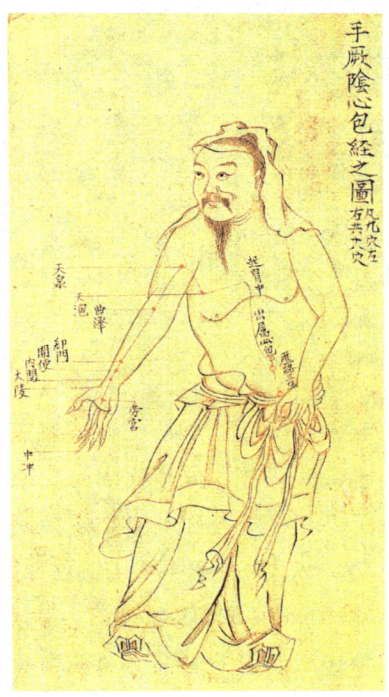

◎手厥阴经

59

是《灵枢·经脉》的祖本。《脉法》可辨识部分，主要记述运用砭法在脉上排泄脓血来治疗痈肿。《阴阳脉死候》是古代诊断学著作，讲述"五死"病候，与《灵枢·经脉》篇相近。估计著作年代应早于《内经》。

产书》也是现知最早专论妇产科的医学文献，内容包括求子、养胎、产后处理等。其中"十月养胎"之说即后世"徐之才逐日养胎方"的祖本。这些医学文献有很高的价值，值得我们倍加珍视。

◎马王堆出土的《五十二病方》

《五十二病方》是马王堆医书中内容最丰富的一种，也是我国已发现的最古医方。《却谷食气》是现存最早的气功文献之一，而《导引图》则是现存最早的导引图谱，描绘了44种表现各种导引姿势的彩图，每图均标有所治疾病或所模拟动物的名种。《胎

西汉地图保存至今

马王堆3号汉墓出土了3幅绘于帛上的地图：地形图、驻军图和城邑图。前两幅保存较完整。这些图件均为汉文帝十二年（前168年）之前制作，迄今至少已有两千多年的历史，经整理复原，成为举世罕见的珍品。

◎西汉地形图

地形图称为《长沙国深平防区地形图》，图的内容丰富，绘画精细。如用按水流方向由细到粗的渐变线表示了湘江水系的30多条河流，其中至少有9条标注了名称，有的名称如泠水、

深水、舂陵水等沿用至今；山形线的表示方法独特，如用鱼鳞状图形和月牙形符号分别显示浑圆丘岗和突出山嘴，中有一处其两侧注有"帝舜"二字，向南绘了9个高矮不同的柱状符号，表示9个山峰。相传帝舜葬于九嶷山，故知该群山即九嶷山。该图以3种颜色绘制，位于图幅左上方的珠江口以田青色绘画，道路用淡赭色描绘，其余内容均以黑色表示。图上注记的字体为篆隶之间的过渡体。

马王堆出土的西汉地图是中国，也是世界上现存最早的实测彩色古地图，它证明中国汉代在测量技术、绘图技术、符号设计、制图原则等方面已经达到了相当高的水平。

◎西汉驻军图

将该图和现在地形图对比，可发现河流骨架、流向、河系平面图形等均大体相似。图上的山脉坐落、山体轮廓、范围及走向也大体正确。说明当时已有了较准确的测量技术，也纠正了过去人们认为西晋以前的地图不绘名山大川、不按比例尺制图等传统看法。

驻军图是一幅军事地图，其范围是地形图的东南部分，该图以地形图为基础制成，军事内容突出。驻军图的发现表明，汉代军用地图已经形成了独立的体系，各种制图、标图技术已经相当规范化。

人物小辞典
◎晁错像

晁错

汉初，高祖刘邦因兄弟少，诸子年纪小，又不相信异姓王等原因，大封同姓为王，并与群臣盟约"非刘氏而王者，天下共击之"。经过几朝的演变，到景帝时齐、楚、吴三封国几占天下之半。且吴王刘濞"即山铸钱，煮海水为盐"，使吴王钱币满天下，且军力强大。吴王骄横，早就蓄谋叛乱。

文帝时，晁错曾数次上书请求削减吴王封土。景帝即位，吴王更加骄横，晁错又上《削藩书》，明确指出现在的形势是削藩诸侯王会反叛，不削藩他们也同样反叛。如果削藩，他们会马上反叛，麻烦小些；如果不削藩，他们的反叛会延迟，麻烦反而大些。景帝采用晁错之策，将楚王东海郡、赵王常山郡、胶西王六县削去。

汉景帝三年（前154年）正月，又将吴王会稽等郡削去，激起诸王强烈反对。吴王刘濞与胶西王刘卬约定反汉，一旦事成，吴王与胶西王分天下而治，此后吴王即联合楚、赵、胶西、胶东、淄川、济南等6国，以"诛晁错，清君侧"为名，发动武装叛乱，史称"七国之乱"。面对声势汹汹的7国叛军，景帝轻信了晁错的政

敌袁盎之言，以为除掉晁错，退还削地，就可使七国罢兵，于是将晁错在长安东市斩杀，并派袁盎去谈判求和。但景帝这一举措并没有能平息七国的叛乱，吴王刘濞自称东帝，不肯罢兵，七国之乱反而愈闹愈大。

七国之乱·周亚夫平定七国之乱

汉景帝误杀晁错于长安东市后，悔恨之余，决定以武力平叛，于是派遣太尉周亚夫统领36将军率兵征讨，迎击吴楚联军，并派郦寄击赵、栾布击齐地诸国。

吴王亲率吴楚联军20余万将粮仓设在淮南的东阳，而以主力渡过淮水，向西进攻。同时，胶西、胶东、济南等4国合兵围攻忠于汉中央政权的齐国。赵国也在暗中勾结匈奴。二月，周亚夫采纳赵涉建议，从武关出兵抵洛阳。当时吴楚联军正猛烈进攻梁（今河南开封），亚夫不救，并率兵向东北走昌邑（今山东定陶东），以坚壁固守的战术，避免与叛军作正面接战，并派精锐骑兵突入敌后，夺取泗水入淮口，截断叛军的后勤补给道路，使其陷入困境。加上吴楚联军多为步兵，习惯在有险阻之地战斗，汉军多是车骑，擅长于平地作战。而战事在淮北平原上进行，对吴楚军显然不利。吴楚联军连战无功，士气低落，供应短缺，又无法越过梁国坚守的睢阳（今河南商丘南）。吴楚联军于是北进至下邑以求和亚夫军一战，结果一败涂地，士卒饿死、投降、失散很多，只得退走。亚夫立刻挥兵猛追。

三月，吴王刘濞残部数千人退守丹徒（今江苏镇江），被东越人所杀。楚王刘戊也兵败自杀。其他诸王为栾布和郦寄所逼，有的被杀，有的自杀。历经3个月的七国之乱遂被平定。七国之乱的平定，巩固了削藩政策的结果，在很大程度上解决了汉高祖分封同姓王所引起的矛盾，并为日后汉武帝以推恩令进一步解决诸侯王国问题创造了必要的条件。

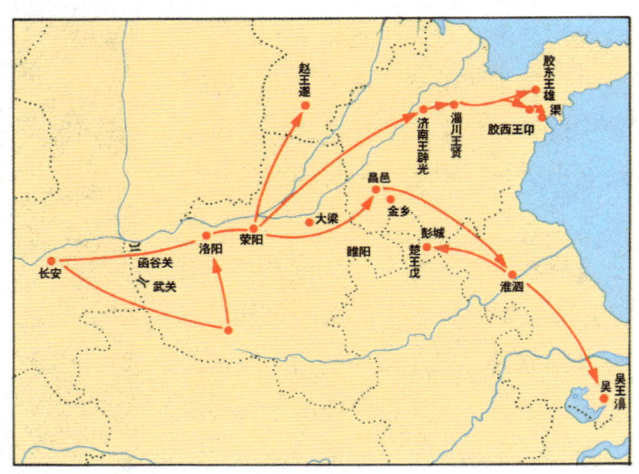

◎七国之乱图

逸闻趣事：卓文君夜奔司马相如

◎文君当垆卖酒图

司马相如（约前178年～前117年），字长卿，蜀都成都（今属四川）人，汉代著名辞赋家。年轻时热爱读书，学习击剑，景帝初为武骑常侍，不得志。当时梁孝王刘武入朝，随行的人多喜爱文学之士，相如很喜欢和他们在一起，于是辞职到梁国游学，成为梁孝王门客。他在梁国生活时撰写《子虚赋》，构思宏伟，词藻华丽，成为西汉大赋的代表作。

景帝中元六年（前144年）四月，梁孝王刘武去世，司马相如失去依靠，便返回蜀地投老朋友临邛（今四川邛崃）地方官王吉，王吉以上宾之礼接待他。临邛富翁卓王孙以铸冶发家，见司马相如为县令贵客，于是设宴相邀。卓王孙有女儿文君，擅长演奏鼓琴，丈夫死后回娘家居住。司马相如一见钟情，以"琴心"挑动卓文君，又买通文君侍女以通信息。文君于是深夜投奔相如，一同奔往成都。不久因家境贫寒无以为生，又一同返回临邛，开设酒店卖酒维持生计。卓王孙深以为耻，不得已送给他们家中佣人百人、金钱百万及出嫁时的衣服被褥杂物等。司马相如、卓文君于是能够在成都置办田地和房屋。后武帝爱惜相如才华，召他从事作赋之事，并任命他为郎，后又任命他为中郎将。

毛公传毛诗学

《诗经》是中国最早的一部诗歌总集，汉代更被列为儒家经典。汉代传诗风气盛行，有齐、鲁、韩、毛四家，其中毛亨（大毛公）所传诗学称"毛诗学"，重要著作有《毛诗诂训传》30卷。

毛亨（大毛公）为秦汉间人，生卒不详。相传其诗学传自荀卿，西汉初期开门授徒，所著《诗诂训传》传之赵人毛苌（小毛公），是毛诗学的开创者。毛诗学典籍《毛诗诂训传》全书以解释字义为主，章句训诂，大抵采用先秦学者的意见，取自先秦群籍。

毛诗学是汉初传诗四家中唯一属古文经学的，东汉后受政府重视，章帝时更立于官学。东汉末年，郑玄作《毛诗传笺》，在《毛诗诂训传》的基础上作了进一步的阐发、补充和订正，使毛诗学更为流行，其余三家诗则日渐衰微。唐代孔颖达作《毛诗正义》，在《郑笺》和《毛传》的基础上，汇集了汉魏、两晋南北朝研究诗的成果，进一步提高了毛诗学的地位。清代陈奂作《诗毛氏传疏》，疏解就更为完备了。毛诗学以《毛传》、《郑

笺》及《正义》为代表。《毛诗诂训传》对器物和典章制度的诠释,因为言必有师承,所以为历代古文派学者所尊奉;而它重"诗教"的宗旨,又与儒家所提倡的温柔敦厚的思想一致,所以《毛传》又成为儒家的典籍。

◎讲经书像砖

《毛诗正义》更属唐初官修的《五经正义》之一,从唐代至宋初,明经取士,都以此本为准,毛诗学解诗,因为从封建伦理道德出发,常常牵附史事,以史证诗,往往歪曲诗篇的主旨。这是毛诗学的缺陷。

蜀太守文翁最早兴办地方官学

西汉景帝时的蜀郡太守文翁,是我国历史上最早兴办地方官学的人。

文翁为改变蜀地文化落后于中原的状况,亲自挑选了10余名聪敏有才者,派往京城,有的随博士学习,有的学习法律。他节省府库开支,购买蜀中特产赠给博士以表酬谢。几年后,这些人学成后返回蜀郡,文翁均予以重用。他又在成都建起学舍,招收下属各县的子弟入学,免除他们的徭役,学成后,从中择优选拔录用。文翁平时巡视各县时,让高才弟子随行,代为传达教令,以此给弟子增添荣耀。于是各地吏民争先恐后地送子求学,甚至不惜重金谋取弟子资格,蜀地劝学重教的风俗从此形成。

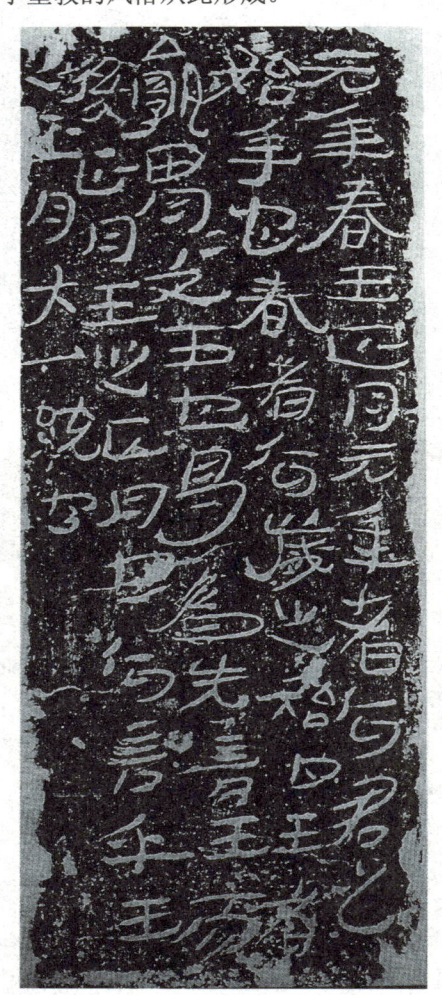

◎《公羊传》砖拓本

汉武帝继位后,推广文翁兴学的

做法，"乃令天下郡国皆立学校官"。西汉末年，王莽执政时，于公元3年按地方行政系统设置学校。东汉前期，地方教育相当发达，班固《两都赋》中赞颂"四海之内，学校如林，庠序盈门"，正是当时地方学校昌盛的写照。

汉代地方官学的教师是郡国文学掾史。文学官多由学者名流担任，除作为郡国长官的学术顾问外，在有地方官学的地方，还从事教授诸生的活动。

地方官学的主要任务是作为本地从事礼教的中心场所，以地方官学的礼教典范来推动社会风尚的转变，培养学术人才只是次要目的。这时地方官学的师资的学术水平一般偏低，且盛衰无常，与中央官学没有衔接措施，朝廷对地方官学也没有考试升迁的专门措施，因而各地有志于求学的人，都力争进入京城的太学深造，或拜在有学术造诣的私家大师门下。

李广智退匈奴

自汉高祖在白登被围困后，汉代历朝皇帝对匈奴都采取和亲政策，至景帝时，匈奴虽时常进犯汉朝北部郡县，但也无碍大局。景帝中元六年（前144年）匈奴骑兵入侵上郡（今陕西榆林东南）、雁门（今山西原平北），掠取汉皇室狩猎场的马匹，汉士卒2000余人战死。当时李广是上郡太守，曾与百余骑兵外出巡视，路遇匈奴数千骑兵。李广随从都害怕，想逃走，为李广阻止。李广认为大军离此数十里，如果以百骑逃走，匈奴骑兵勒马追赶，马上就会被斩杀；如果原地不动，匈奴兵会以为是大军的诱饵，必定不敢攻击。于是，李广命令部下前进至距匈奴阵2里左右，下马解鞍，以示不走。匈奴军中有一名白马将监军，李广率10余骑将其射杀于阵前，后回到军中更解鞍纵马，卧地休息。时近黄昏，匈奴骑兵迷惑不解，不敢攻击，以为汉军在附近有伏兵，入夜，匈奴军担心遭受汉大军袭击，于是向北撤退。天亮后，李广率军平安返回大营。

◎西汉动物纹臂甲

黄老之学昌盛

汉朝初期,与统治集团的"休养生息"政策相结合,黄老之学日渐昌盛。

黄老之学是战国时期的早期道学发展新阶段,它继承了早期道学的理论,并有所改造和发展。作为道学发展的一个新流派,黄老之学形成于战国末期,兴盛于西汉初期,到汉武帝"罢黜百家,独尊儒术"之后,由盛而衰。所谓"黄老之学"从字面上理解,就是黄帝与老子的学说。但它不是黄帝学说和老子学说的简单拼凑,而是秦汉之际的新道学家假托黄帝立言,改造老子学说,并综合吸收了先秦各家学说重要内容的一种理论体系。

汉初黄老"无为"思想的主要代表是陆贾、盖公,主张"贵清静而民自定",使统治者少生事少扰民,以利人民休养生息。汉武帝初年,思想家司马谈的《论六家要旨》,则从理论上指出汉初道家黄老之学思想特征,体现这种思想在继承战国末期诸子学说的趋势下发展,从而带有综合诸子思想的色彩。汉景帝时,淮南王刘安主持编著的《淮南子》,是继承综合诸子思想,并在道家思想为主导思潮影响下出现的学术成果。

◎西汉羽人骑马玉雕

武帝建元六年(前135年)窦太后死,武帝与丞相田蚡渐渐罢黜黄老之言,延揽儒学者加以重用。由此,黄老之学才盛极而衰。武帝时"罢黜百家,独尊儒术"开创了中国历史发展的一个新阶段。

◎汉代铜羽人

汉景帝死·汉武帝立

景帝在位期间继续执行"与民休息"发展生产的政策，封建经济走向繁荣，史书中有"国家无事"、"海内殷富，兴于礼义"的记载，与文帝统治时期并称"文景之治"，为武帝时期国家的昌盛准备了物质条件。汉景帝后元三年（前141年）正月，景帝死，皇太子刘彻继位，是为孝武皇帝。

汉武帝统治时期是中国历史上的一次转变，为以汉族为主体的统一的多民族的封建国家的巩固和发展作出了重要贡献。武帝时期，西汉成为亚洲最富强繁荣的多民族国家，也是中国历代封建王朝中强盛的时代之一。

◎汉武帝像

中国开始使用年号

前140年十月，武帝定年号为"建元元年"，此为中国历史上使用年号的开端。

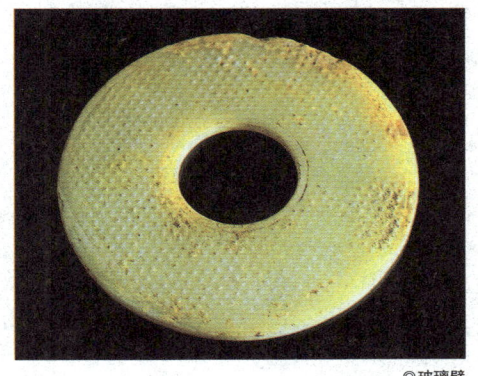
◎玻璃璧

自古以来中国的帝王没有年号，其纪元有的以一、二、三……数计，有的以前一、前二、前三……中一、中二、中三……后一、后二、后三……数计。武帝继位时有司上奏认为：元应当采用天瑞，不应以一、二数。一元叫"建"，二元以长星称"光"，现在城外得一角兽叫"狩"。于是武帝以"建元"为年号，并以前140年为建元元年。自此，中国历史上开始使用年号。皇帝年号这种纪年名称一直沿用到辛亥革命。

枚乘

枚乘(？～前140年)字叔,淮阴(今江苏清江市西南)人,著名西汉辞赋家。文帝时为吴王刘濞郎中。吴王谋反,枚乘两次上书谏阻。吴王兵败身死,枚乘也因此知名。"七国之乱"平定,景帝拜其为弘农都尉。后辞官游梁,为梁孝王门客。梁王死,枚乘回到淮阴故里。武帝即位,慕其文名,派"安车蒲轮"接他入京,因年老死于途中。

据《汉书·艺文志》载,枚乘有赋9篇,《七发》为其代表作。《七发》是一篇讽谕性作品,作品的主旨是劝诫贵族子弟不要过分沉溺于安逸享乐,纵欲伤身,对贵族的腐朽生活提出了讽刺和劝诫。《七发》用铺张、夸饰的手法来穷形尽相地描写事物,语汇丰富,词藻华美,结构宏阔,富于气势。刘勰在《文心雕龙》评说道:"枚乘摛艳,首制《七发》,腴辞云构,夸丽风骇。"枚乘《七发》的出现,标志着汉代散体大赋的正式形成,在赋的发展史上树起了一座里程碑。后来许多作者模仿《七发》的形式写作,在赋中形成了一种定型的主客问答的文体,号称"七体"。例如傅毅的《七激》、张衡的《七辩》、曹植的《七启》等等。

枚乘的散文今存《谏吴王书》及《重谏吴王书》两篇,都是为谏阻吴王谋反而作。枚乘散文善用比喻,多用排句和韵语,有明显的辞赋特点。

◎西汉狩猎画像砖

《淮南子》

顺应汉初以"黄老之学"为主体、兼容诸子百家之学的学术趋向,约于汉景帝时,淮南王刘安主持编著了《淮南子》一书,亦称《淮南鸿烈》。参与编著的宾客中著名的有苏非、李尚、伍被等人。此书据《汉书·艺文志》载,卷帙甚多,留传下来的只有《内篇》21篇。

《淮南子》虽是刘安及其宾客合作编著,但由于刘安"为人好书"、"善为文辞",其必有他亲自著述之文,该书也基本能反映他本人的思想。在综合百家方面,《淮南子》与《吕氏春秋》一脉相承。所不同的是,它更多地吸取了《老子》、《庄子》,特别是《黄老帛书》的思想资料,成为集黄老之学大成的理论著作。

《淮南子》出现于西汉封建统治阶级羽翼日渐丰满,力量逐渐强大,时代精神正由休养生息重新返回积极有为的转折时期。尽管它本身包含着"变相的有为论",但仍不受怀有雄才大略的汉武帝的欣赏,遭到了当权派的冷遇。刘安及其同党最后以"谋反"罪遭诛灭,恰是黄老之学由兴盛而衰败的形象表现。

◎西汉鎏金透雕蟠龙熏炉

◎西汉鎏银骑兽人物博山炉

逸闻趣事

东方朔谏停修上林苑

建元三年（前138年），武帝欲修建上林苑供皇家游乐渔猎，东方朔以为此举费浮于利，劳民伤财，乃上奏谏请停修。上林苑位于长安附近，包括南山和临近的民用、河道。东方朔认为南山资源甚丰，工匠要靠它供应原料，而百姓则靠它维持生计。附近农田盛产稻、粟、桑、麻等，实为百姓衣食之源。如果修建上林苑于此，不但减少国家税收，影响百姓生活，还会给很多人带来灾难。东方朔还以史为鉴，以殷建九市宫而失诸侯、秦建阿房宫而失天下来力劝武帝不可修上林苑。东方朔的言论闪耀着民为邦本的火花。武帝以东方朔言之有理而拜官赐金，但依旧修治上林苑。

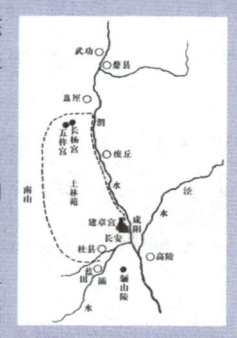

汉武帝加强中央集权制度

以雄才大略著称于世的汉武帝即位以后，由于不满于丞相专权，致力于官制的改革，逐步建立起以皇帝制度为核心，以中央丞相制度、地方郡县制度为基础的中央集权制度。

◎汉兵马俑

汉武帝首先推广察举制度，以贤良、文学等名义广泛招揽人才，原统属于郎中令的诸大夫和许多文学名士先后被征召，成为皇帝的高级幕僚，赋以重权，史称"天子宾客"。这些文学之士的作用主要就是与闻朝政，诘难大臣，以侵夺相权为己任。"天子宾客"的出现是汉武帝建立中朝的开始，朝廷自此始分为内外，丞相由全体百官之长降至只为外朝长官而不得过问宫中事务。

将军的称谓在先秦时期已经很普遍。汉武帝时正式设置了大将军、骠骑将军等官职，颁有印绶和秩俸。以后又在大将军、骠骑将军官名前加官名。大将军、骠骑将军的地位与丞相相当，其他将军如车骑将军、卫将军、前后左右将军的地位则与上卿相当。尚书在先秦时期原为主管文书的小官。汉武帝时期出于加强皇权、抑制相权的需要，更多地利用尚书机构办理政务，尚书机构日益重要。汉武帝还开

始任用宦官担任尚书，称为中书。汉武帝还继承了秦以来的九卿制度，设立官员掌管宫室、刑狱、盐铁、外交等事务，逐步建立起一套行之有效、相当严整的统治秩序。

汉武帝独尊儒术

建元五年（前136年），汉武帝刘彻采纳了董仲舒的建议，独尊儒术。

董仲舒建议变儒家哲学为封建最高政治原理，使之成为衡量文化思想的唯一尺度。他的建议为汉武帝所采纳。从此，儒术从私家学者的书斋走进了太学，太学设五经博士，儒学由一般学说而被尊为经，即《诗》、《书》、《易》、《礼》、《春秋》五种。在太学里，不同师承的儒家学派，都设一讲座，名曰"学官"。

◎四川省出土的汉代大学授业画像砖

儒家学说自从得到政府倡导以后，获得广泛的传播，两汉400余年，经学大师接踵辈出，疏证训诂，极一时之盛，如：董仲舒、公孙弘、孔安国、刘向、刘歆、许慎、郑玄等。同时，生动的实践儒学也逐渐变成烦琐死板的经学。一些学子为了官禄，只得寻章摘句，以备射策之用，还有很多皓首穷经者。

董仲舒提出"三纲五常"及献"天人三策"

汉武帝建元元年（前140年）十月，汉武帝诏令各地推荐贤良方正直言极谏之人，董仲舒三次上书，献"天人三策"。武帝欣赏仲舒所献对策，任命他为江都相。

◎《春秋繁露》书影

董仲舒（前197年～前104年），广川（今河北枣强东北）人，西汉思想家。青年时期研读《春秋公羊传》，景帝时为博士，"下帷讲诵"，"三年不窥园"，一心钻研孔子学说。数十篇文章论说《春秋》得失，后合编为《春秋繁露》。他的著作以阐发《春秋》大义为名，并杂凑阴阳五行学说，加以引申改造，建立了一个宗教唯心主义思想体系，其内容进一步发挥天人感应学说，并提出历史循环论和维护封建统治秩序的"三纲"、"五常"说，为加强封建统治提供理论依据。

建元元年（前140年）十月，武帝诏令各地推举贤良方正直言极谏之人，并以古今治国之道及天人关系问题亲自策问贤良。董仲舒以贤良名义上书对策三篇，"天人三策"。在对策中，董仲舒请罢黜刑名，崇尚儒术，明确教化，广兴太学，让郡国尽心于求贤。此即所谓"罢黜百家，独尊儒术"。

汉武帝颁行"推恩令"

元朔二年（前127年）正月，刘彻（武帝）纳中大夫主父偃建议，颁行"推恩令"。此令是把诸侯王除以嫡长子继承王位外，其余诸子在原封国内封侯，新封侯国不再受王国管辖，直接由各地的郡来管理。于是"藩国始分，而子弟毕侯"。导致"大国不过十余城，小侯不过数十里"。

为限制诸侯王国网罗人才，结党私营，刘彻又颁布"左官定律"、"附益之法"，凡仕于诸侯者，绝不得再仕于王朝，严禁封国官吏与诸侯王结党营私，相互串通。至使诸侯王失去了因分封而存在的独立性。此外，刘彻以诸侯王向汉王朝交纳献费或祭祀宗庙的酬金成色不好、斤两不足为借口，对诸侯王实行"夺取"、"除国"。

元鼎五年（前112年）举行宗庙大祭，一次即剥夺诸侯爵位106人，废其封国，改设郡县。汉初因功封侯者140余人，至刘彻太初年间（前104～前101年）只剩下5人，他们"惟得衣食租税，不与政事"，汉代的分封制名存实亡。

◎董仲舒像

"飞将军"李广威震匈奴

◎子母豹铜饰牌，西汉具有北方草原游牧民族特点的青铜文物

李广，陇西成纪（今甘肃秦安）人，秦国名将李信之后，世代传习射箭。文帝时，以"良家子"从军抵抗匈奴，杀敌虏获甚多，表现出非凡的军事才能，被选为郎官。景帝时，随周亚夫平定吴楚之乱又大显身手。此后，他历任沿边诸郡如上谷、陇西、北地、雁门、代郡、云中等郡太守，以抗击匈奴闻名于世。

◎西汉双兽饰牌，匈奴贵族服饰品

元光六年（前129年），他参加了抗匈大战。匈奴经过这次打击，势已疲敝，被迫远遁。武帝因李广战功，拜其为右北平太守。任职期间，因尽于职守，擅长骑射，作战骁勇，因而被称为"汉之飞将军"。匈奴对他十分敬畏，数年不敢入界侵犯右北平。李广还参加前121年河西之役与漠北之战，为安定北疆鞠躬尽瘁。

卫青任大将军屡败匈奴

元朔五年（前124年），卫青抗击匈奴捷报频传，汉武帝拜他为大将军，勉励他继续为国出力，保卫北疆。

◎西汉车马人物饰牌，北方游牧民族服饰品

前124年，匈奴右贤王屡次侵扰朔方（今内蒙古杭锦旗北）。抗匈名将卫青奉武帝之命，率领10万余骑兵从高阙、朔方出发，直向北进，深入塞外六七百里，以迅雷不及掩耳之势包围了右贤王王廷。右贤王仓皇北逃，汉军大胜，俘匈奴小王十余人，士兵15000余人和数百万牲畜。武帝闻之，龙颜大悦，特命使者持大将军印到军中，拜卫青为大将军，令诸将皆受其节制。

卫青任大将军后，又于元朔六年（前123年）四月再次统领六将军出击匈奴，激战于定襄。卫青英勇善战，再次击败匈奴，俘斩万余人。卫青成为抗击匈奴的重要军事将领。

后，武帝立他为漯阴侯，封万户，并把前后降汉的匈奴人分别迁徙安置于陇西（今甘肃临洮）、北地（今甘肃庆阳西北）、上郡（今陕西榆林东南）、朔方（今内蒙古伊盟西北）、云中（今内蒙托克托）五郡，称为五属国，允许他们保留自己的风俗习惯。霍去病败匈奴，对河西地区经济恢复与发展也有一定作用。

◎错金饰铜羊，西汉具有北方草原游牧民族特点的青铜文物

◎霍去病墓前石雕——石刻伏虎

霍去病击匈奴·浑邪王降汉

元狩二年（前121年），霍去病在河西之役重创匈奴军队。浑邪王兵败恐为单于所诛，乃率众投降汉朝。

元狩二年，为了争夺河西地区，骠骑将军霍去病奉命率领1万轻骑兵与匈奴作战。在战争中，他神出鬼没，足智多谋，白天转战5个王国，奔驰千余里，取得辉煌战果。从此汉朝控制了河西走廊一带，匈奴与羌人的联系被切断。匈奴王单于听到此败信，大为震怒，欲将浑邪王斩首治罪。于是浑邪王决定投降汉朝。浑邪王降汉

◎霍去病墓前石雕——马踏匈奴

张骞出使西域

建元二年（前139年），张骞应武帝刘彻招募而出使大月氏，欲动员大月氏东迁敦煌、祁连之间，和汉朝联合共同抵御匈奴侵扰。张骞，汉中成固（今陕西成固）人。西域为当时中原人所不知道之世界，而张骞毅然应募。

张骞出使中亚的直接目的是寻找被匈奴人所驱逐而西徙的大月氏。不幸他经南山北麓时，为匈奴所俘，囚禁10年，并被迫娶妻生子。但他毫不灰心，复经大宛、康居，终于寻到大月氏。虽然大月氏不愿再回故乡复仇，但张骞西使13年，对于他所经过的塔里木盆地诸国，以及中亚诸国，都有详细而确实的报告。张骞之坚忍不屈、忠于祖国，亦可以概见。张骞使西，是中国第一次知道中原以外，还有广大的西方开化的世界，并从而开辟中国历史上政治和经济的新时代。

元狩元年（前122年），张骞奉武帝之命出使西南夷。此行意欲寻找通往印度之路，但结果使中原与西南的交通往来再次开通。因此，汉朝又一次与西南夷恢复了往来。

◎张骞出使西域

公元前139年到前127年，大探险家张骞已在西域各地游历13年，成为西域通。元狩四年（前119年）汉

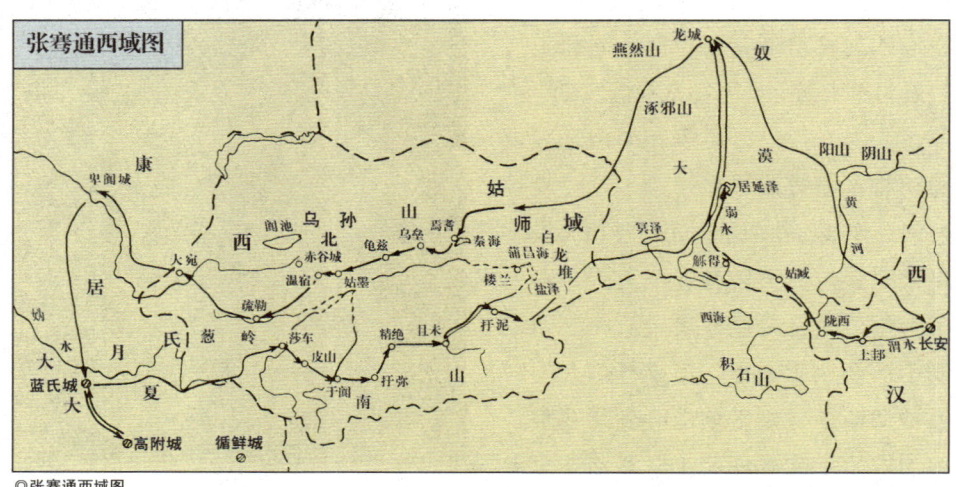

◎张骞通西域图

武帝接受张骞的建议,再次命他组织使团出使西域。这次出使,目的是联络乌孙,以断匈奴右臂。乌孙原来臣服于匈奴,后兵力渐强,才摆脱了匈奴控制。元鼎二年(前115年),张骞返回汉朝,乌孙派遣了几十名使者随同到长安报谢,开始与汉朝通商友好,不久,张骞所遣副使亦陆续返回,中亚各国多与汉朝开通往来。汉与西域交通从此揭幕。

中国官学形成

出于统一思想,巩固封建专制制度的需要,西汉初期,统治集团中的高层儒士认真反思了秦亡的教训,一反秦王朝焚书禁学的简单粗暴手段,主张治国以"教化"为本,制定了"文武并用"以期长治久安的政策,把敬士和选吏二者结合起来,开始兴办由封建朝廷直接举办和管辖,旨在培养各种统治人才的官学系统,拉开了中国统一官学形成的序幕。

中国古代官学主要由中央官学和地方官学两大系统组成。中央官学依据各自所规定的文化程度、教育对象和教学内容的不同而细分为最高学府、专科学校和贵族学校三大类。这些毫不例外地肇端于汉代。太学是中央官学的最高学府,其实是古代的大学。建元五年(前136年),汉武帝采纳董仲舒提出的文化教育政策建议,下令设置儒家五经博士,罢免其他诸子、传记博士,开始"独尊儒术"。元朔五年(前124年)丞相公孙弘奏请为博士置弟子员,太学从此开始形成。本着敬士、养士与选吏的目的,太学中形成了一系列严格的考评制度,这种注重课试,以试录士的做法,打破了世卿世禄、任人唯亲的体制,对于选拔封建贤德之士具有积极的意义,

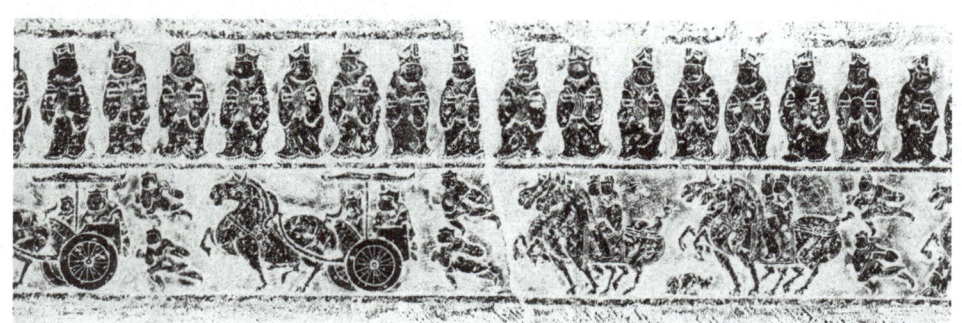

◎城南张儒生弟子、车骑画像

它是世界教育史上和文官选拔制度的一项创举。

由于老师少，学生多，汉代太学已开始强调自修，引导学生课余自由研究学术，这是一种培养大学问家所必需的学术氛围，为后世所继承和发扬。

中国古代的专科学校，最早的当是创立于东汉末年的鸿都门学，这是由宦官建立的以辞赋、小说、尺牍、字画为主要教育内容的文艺专科学校，是与士族相抗衡的产物。与太学以儒学为唯一教学内容也是完全不同的，它打破了"儒学独尊"的沉闷气息。东汉的四姓小侯学是东汉外戚樊、郭、阴、马四大家族，于明帝永平九年（66年）为其子弟创办的中国最早的贵族学校，后来，其他贵族子弟也可入学。此外还有专为培养皇太子开设的宫廷贵族学校也属此类。在上述中央官学系统之外，还有地方官学系统。它们是指地方官府创办并管理的学校。西周时期关于"乡学"的传说可能是最早的地方官学，而真正意义上的地方官学是由汉景帝末年（前2世纪中期），蜀郡郡守文翁创办的。直到平帝元始三年（3年），地方学校的制度才最后被规范。教学的内容也限于儒家《五经》。

汉代的中央官学和地方官学，共同构成了其官学教育体系，其体制为后世所长期沿袭。这种将敬士、养士、选士结合起来的教育体制，服从了封建统治阶级的思想统一和巩固封建专制的主观需要，客观上也培养了大批优秀人才，在继承中国古代文化遗产，繁荣科学、学术事业等方面都起到了十分重要的作用。

◎崔子忠绘《伏生授经图》

汉乐府建立

元狩三年（前120年），汉武帝设置乐府，令司马相如等作诗赋，以宦者李延年为协律都尉，佩二千石印，掌制乐谱、训练乐工、采集民歌。

乐府始创于秦，与掌管庙堂音乐的"太乐"并立。汉初沿袭下来，有"乐府令"掌管音乐，汉武帝时为"定郊祀之礼"，大规模扩建乐府机构，对郊庙礼乐进行了重大改革，乐府的性质发生了变化。

◎汉竹制十二音律管

汉武帝建立乐府，目的是改革传统的郊庙音乐。乐府的任务就是采集各地的民歌来创设新声曲调；选用新创颂诗作歌词；训练乐工、女乐进行新作的排练。乐府设在帝王游幸的上林苑，乐工组织庞大，有上千人，并且分工明确。乐府还拥有李延年、张仲春和司马相如等一批优秀的音乐家和文学家。

乐府大规模地采集、整理和改编了大量民歌。为记录民歌，创造了"声曲折"的记谱法；同时制定"采诗夜诵"审查制度，经诵读取舍，把采集的民歌整理记录下来。东汉时，采集民歌的"观采风谣"活动仍有进行，现今留存的乐府民歌，多是东汉作品，共有三四十首。

◎舞乐画像砖

乐府经武帝扩建发展，兴盛一时，之后便日渐式微。前70年，出于财政和意识形态方面的原因，乐府编制被削减；前48年，乐府编制再被削减；前33年，乐府被下令停止比较铺张的做法；前7年，汉哀帝终于下令撤销乐府。

乐府作为掌管音乐的官署被撤销了，但由于它专事搜集、整理民歌俗曲，因此后人就用"乐府"代称入乐的民歌俗曲和歌词；六朝时人们已将乐府唱的"歌诗"也称为"乐府"，与"古诗"相对并举，把入乐的歌词和讽诵吟咏的徒诗两种诗歌体裁区别开来；宋、元以后，"乐府"又被借作词、曲的一种雅称；所以，作为文学体裁的"乐

府"便流传了下来。

汉乐府民歌今存不足百篇，大部分保存在宋代郭茂倩的《乐府诗集》中，分《鼓吹曲辞》、《相和曲辞》和《杂曲歌辞》三类。

汉发明井渠施工法

元狩三年（前120年），为解决陕西西北洛水下游东岸10000多顷咸卤地的灌溉水源问题，汉武帝征10000多人挖龙首渠。

龙首渠中间有商颜山，由于土松渠岸易坍塌，当时的施工采用了井渠施工法。具体建造方法是从接近水源的地方起挖一条暗渠，然后每隔一定距离穿一个通往地面的竖井，使井与渠相连，历时10年竣工，是一项极为复杂的工程。

龙首渠开我国隧道竖井施工法的先河。由于龙首渠渠长10多里，如果只从两端对挖，施工面积小，洞内通风、照明条件也差；采用井渠施工法，既增加了开挖工作面，加速了施工进度，又改善了洞口通风与采光条件。另外，龙首渠的开凿是在中间隔山，两端不通视的情况下同时施工的，在这种情况下进行渠道定线与多工作面同时施工，同时又要保持渠线吻合，工程难度较大。因此，它的开挖成功，也可见当时测量技术有相当高的水平。

井渠施工法汉朝时在西域得到推广，随着丝绸之路的出现，这项技术又传到中亚。

◎井渠

漠北决胜·汉匈奴自此无大战

元狩四年（前119年），汉、匈军队在漠北一带发生激战，汉军大胜。从此，匈奴远遁，汉朝基本解除了匈奴的军事威胁。

击败匈奴，是西汉商人地主的迫切要求。汉武帝审时度势，于前118

年命大将卫青、霍去病等人率领远征军远征匈奴。卫青、霍去病各带领5万骑兵、4万随军运装行装之私人马匹和数十万步兵及转运者,分别从定襄(今内蒙和林格尔)、代郡(今河北蔚县)出发,越过漠北追击匈奴。

卫青率军行千余里度漠,扎环状营,以兵车自卫,然后命5000骑兵去单于阵中挑战,与万骑单于骑兵发生激战。天近傍晚时,漠上刮起大风,飞沙走石,于是卫青趁机令左右翼骑兵从侧面迂回包抄。单于战不能胜,守不能支,被迫撤营冒险突围,向北遁去。汉军乘胜连夜追击,直至颜山赵信城(今蒙古讷拉特山)。是役,卫青捕获或斩首匈奴军1.9万余人,大胜而返。

◎西汉彩绘骑马俑

霍去病亦率军与匈奴左贤王之军作战,把匈军逐出居胥山(今蒙古德尔山)以远。霍去病在战争中足智多勇,俘虏匈奴小王3人,将军和相国等高级官员83人。匈奴军死伤70443人,令匈奴元气大伤,闻风丧胆。此后,匈奴长期游牧于漠北,无力南下。

通过漠北之战,匈奴远遁,漠南一带没有政权统治,亦不再受匈奴侵扰。而汉军也因骑兵缺少骏马,没有再次去漠北讨伐匈奴。这样,匈、汉相安无事,长期没有发生大规模的战争。武帝战胜匈奴,打通了到塔里木盆地及中亚的商路,匈奴控制的河西走廊被汉朝接管。从此,在从中原到中亚的丝绸之路上,西汉的外交使节和商人源源不断,丝绸之路逐渐形成中西交流的一座桥梁。

桑弘羊推行均输和平准·赐爵桑弘羊

桑弘羊(前152年～前80年),河南洛南(今洛阳)人,出身于商人家庭,13岁入宫为侍中,因能"言利"深得汉武帝的信任,历任大农丞、治粟都尉、大司农和御史大夫等职,执掌西汉中央财经大权长达30多年,是西汉时期杰出的理财家。他在协助汉武帝推行盐铁官营政策的基础上,又针对贡物运输和物价管理出现的问题提出了均输和平准政策。

前115年,桑弘羊任大农丞时提出试行均输政策,至前110年升任治粟都尉兼领大农令后大力推行。均输,指各郡国除将特优贡品直接运送京师外,一般贡品应按当地市场价格折合成一定数量的土特产,交给中

央政府在各郡国设置的均输官，由其负责运至其他价贵的地区出售。这样既可进一步减轻农民在实物运输中的徭役负担，避免贡品在运输中损坏或变质，又可以限制依靠从事地区间贩运贸易致富的大批暴发商人的活动，增加国家的财政收入。平准是桑弘羊借鉴战国时期李悝实行的"平籴"法并运用市场经济规律于前110年提出实施的一种经济政策，即中央政府运用手中掌握的大量物资和经济力量，当某种商品贵时抛售，贱时收买，使物价保持比较稳定的水平，这样既可以保证物资供应，防止富商大贾操纵市场从中谋利，又可以使中央政府获得一定的收入。因此元封元年（前110年），汉武帝赐桑弘羊爵为左庶长，以褒其功。

◎桑弘羊像

◎汉五铢钱

桑弘羊推行的均输和平准政策构成了官营商业的统一体系，虽然在盐铁会议上受到贤良文学派的抨击，但仍对后世封建国家管理经济活动影响很大。

把握农时脉搏的"二十四节气"

我国古代历法，一直使用阴历月。由于季节寒暑的交替主要取决于太阳位置的变化，而这种变化在阴历中又得不到确切的反映，所以用阴历月指导农业生产很不方便。为了弥补这个缺陷，把握农时脉搏，我们的祖先很早就在历法中引进了节气的概念。

节气标志着太阳在一周年运动中的某一个固定位置，各种物候现象以节气为准，它们的发生、活动时间也就得相对固定。早在西周、春秋时期，人们就学会了用圭表测日影的办法确定春分、秋分、夏至、冬至四个节气，而夏至冬至、春分秋分以外的节气名，在先秦文献中也屡见不鲜。至迟到战国末期，已经完整地确立了太阳移动的黄道上二十四个具有季节意义位置的日期，这就是二十四节气，汉初的《淮南子·天文训》中有详细记载。作为二十四节气的补充，又有七十二候，这在《逸周书·时训篇》中可以见到。

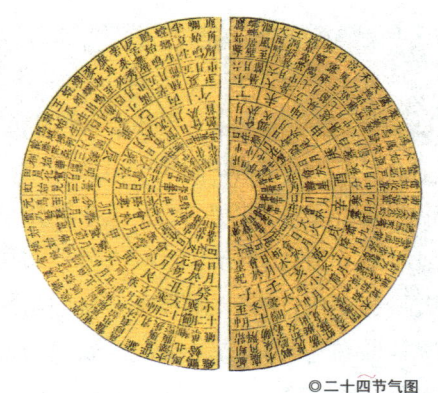

◎二十四节气图

逸闻趣事 朱买臣诬杀张汤

元鼎二年（前115年），丞相长史朱买臣以御史大夫张汤断案不公，故意陷害张汤，发泄其对张的宿怨。结果，张汤自杀，买臣也被诛。

朱买臣，江苏吴江人，因上书被荐，得武帝召见，任中大夫。不久出任会稽太守。因征伐东越有功，升到九卿。数年后因犯法免官，后复为丞相长史。

张汤与御使中丞李文素有宿怨，于是借故在审谳案时判处李文死刑，而诬告李文的正是张汤的亲信鲁谒居。后鲁谒居生病，张汤亲自为其摩足。赵王向与张汤有隙，认为张汤为属吏摩足，其中必有奸情。在追查此事中牵连到鲁谒居之弟，谒居之弟就使人上告张汤与谒居合谋处死李文之事。此时文帝陵园瘗钱被窃，丞相庄青翟涉嫌此案，张汤欲加以见知故纵之罪。丞相恐为张汤所害，于是纠合丞相长史朱买臣、王朝、边通共谋陷害张汤，上书告发张汤阴事。前115年，武帝以为张汤欺诈狡猾，切责张汤。汤遂畏罪自杀。其母认为张汤是被诬陷迫害致死，且家中资产又仅有500金，于是以牛车载其尸，有棺无椁而简葬。

武帝听闻其事，知其中必有冤情，查得丞相、朱买臣等诬告张汤虚实，于是将朱买臣等丞相三长史尽行诛杀。不久，丞相庄青翟亦下狱自杀。朱买臣诬杀张汤，是各官互相倾轧争权的结果，说明强盛的汉朝吏治开始腐化了。

丝绸之路形成

汉武帝两次派遣张骞出使西域，正式开辟了中国与欧亚各国的陆地交通路线。自张骞出使西域以后，中国大量的丝织品沿着张骞通西域的道路运往欧亚各国，历经东汉、魏晋南北朝和隋唐时期，直到元代由于蒙古西征破坏了中西亚的经济和文化后才开始衰落。这条横贯亚洲的中西陆路交通主要是运销中国的丝织品而闻名于世界，因此被中外历史学家誉为"丝路"或"丝绸之路"。

◎旋刻纹木柱

◎阳关遗址

◎持杖跪坐铜男、女俑

丝绸之路把欧亚大陆的几个国家和地区中国、安息、希腊、罗马、大食和马其顿等连起来，在古代中西内陆贸易活动中具有很重要的地位。几

◎博南古栈道，永平县段上的"九曲十八弯"

千年来，中国和欧亚各国人民沿着这条长达几千公里的丝绸之路进行了极为丰富的政治、经济和文化交流。除经常互派使节进行友好访问外，还彼此输送自己的物产和技术。

西汉开辟的丝绸之路推动了东西方物质文明和精神文明的交流，对于发展中国各族人民和中国与欧亚各国人民之间的经济和文化交流起着很大的促进作用。丝绸之路无论从内涵还是从外延上都远远超过了其本意，成为一个东西方文明互相交往的同义语。

海上丝绸之路开创

汉代，中国与域外各民族的交往日益频繁，陆上丝绸之路开通，几乎同时，在南部沿海，联系海外民族的海上丝绸之路也拓展出来，丝绸及其他货品通过航船，源源运往海外，再从海外运回珠宝、棉布等等。中国东南沿海的百越民族素来擅长航海，和东南亚各地早有联系。汉以后，番禺（今广州）成为南方沿海的一个大都会，海内外物品都在此集散，附近的徐闻合浦，连同汉代所属日南郡的边塞，更成为远航印度洋的启航港。

汉武帝时，曾派使者到达南印度东部科罗曼德的黄支国（今康契普腊姆）。此后，两国使者互往贸易，中国以黄金及各种丝织物，换取黄支的明珠、璧流离（蓝宝石）和各色宝石、珍奇货色。东汉时，中国航船在塔库巴、克拉和印度科罗曼德的索帕特马（今马尔卡纳）与科佛里帕特那（今特朗奎巴）之间，开辟了定期航线。在从索帕特马通过马纳尔湾向西直达罗马帝国的印度洋航线上，"航张七帆"的中国帆船已穿梭其中。海上丝绸之路的开创在中国航海史和中国文明发展史，甚至世界文明发展史上都有着相当重要的意义。

◎传入中国的阿拉伯数字版

◎兽首玛瑙杯

金缕玉衣

<small>文化小辞典</small>

汉中山王刘胜墓及其妻窦绾墓葬于河北省满城县陵山，夫妻同坟异葬，其中窦绾死年稍晚于刘胜，墓葬中完整地保存了刘胜死时入葬的大量珍宝，其中有许多精品、珍品，堪称考古史上的奇迹。

刘胜是汉景帝刘启之子，汉武帝刘彻的庶兄，景帝前元三年（前154年）立为中山王，在位42年，死于武帝元鼎四年（前113年），谥靖王。刘胜爱好饮酒，喜好女色，有子孙120多人。

刘胜和窦绾均以"金缕玉衣"作为殓服，这是我国首次发现的最完整的金缕玉衣，也是有准确年代可考的最早的玉衣，外观与人体一样，分头部、上衣、裤筒、手套和鞋五部分，全部由玉片拼成，用金丝连缀。刘胜玉衣用玉片2498片，金丝1100克，窦绾玉衣用玉片2160片，金丝700克。制造时需先把玉料切开，磨制成各种规格的薄片，再在四角钻孔，工艺繁难与精密程度之高令人惊讶。

窦绾镶玉漆棺装饰颇为特殊，也是考古发掘中的首次发现。漆棺内壁镶玉板192块，棺外壁及棺盖共镶玉璧26块，与玉衣加在一起，等于双重的玉匣，其权势和奢富可想而知。

另外，陵墓中的铜制品、漆器、纺织品以及车马、俑、钱币等类都代表当时的较高水平，中山靖王刘胜夫妻墓葬完整保存的丰富精工随葬品，对研究汉代考古和历史都有重要价值。

◎汉中山靖王墓出土的长信宫灯

◎汉中山靖王墓出土的卧羊灯

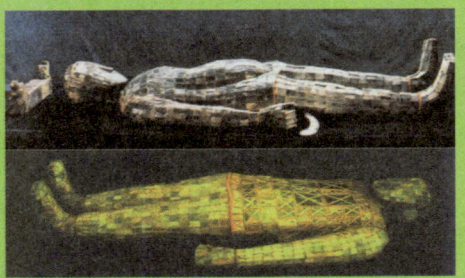

◎汉中山国靖王刘胜墓出土的金缕玉衣

中国年节逐渐形成

汉定天下以后，沿袭了秦匡正异俗稳定大一统政治格局的政策，休养生息使国力逐渐强盛，风俗文化也有不同程度的创造和定型，中国传统年节也在这一时期最终形成。

◎中秋拜月图

节日是民族风俗中最有特色的部分，我国的许多节日都经历了长期的民间流行，多可上溯到先秦，而其中的主要节日如除夕、元旦、元宵、社日、上巳、寒食、端午、七夕、重阳等的风俗内容基本定型于汉代。

中国传统年节在秦汉时虽已定型，但却具有浓厚的迷信色彩，反映了他们以农业为本的思想和生活及伦理观念，神话传说构成其生动话题，道教、佛教的影响也十分明显，但娱乐成分明显增加了。所有这些都直接延续下来，构成我们今天日常生活的组成部分。

中国发明犁壁·代田法与耦犁·畜力播种机耧车

我国劳动人民早在春秋战国时代就发明了铁制犁铧，这种坚硬、锋利、耐用的简易铁犁铧从战国到西汉都广泛地使用。西汉时期，由于冶铁技术的发展，新型农具不断出现，人们又在全铁制的犁铧上装置了犁壁。犁壁的发明是耕犁发展史上的第一次重大突破。犁壁在犁铧的上方，具有深耕、翻土、碎土的良好作用，这是只能破土划沟的无壁犁做不到的。

◎耧车复原（横型）

征和四年（前89年）六月，汉武帝任赵过为搜粟都尉。赵过是著名农学家，他创造了新的耕作技术代田法与耦犁。所谓代田法，就是为了恢复地力，同一地块的圳垄位置隔年替换。赵过又发明了耦犁，犁铧较大，增加犁壁，可调节深浅，深耕和翻土、培垄一次进行。代田法和耦犁的发明推广，大大促进了汉代农业生产的发展。

据载,每亩可增产一斛到三斛。

汉武帝时,搜粟都尉赵过创造了一种畜力播种机——耧车。耧车也叫耧犁,耧车的结构与现代播种机的机架、种子箱、开沟器等部分形状相似,功能相同。耧车是世界上最早出现的播种机,我国古代的耧车是现代播种机的始祖。赵过发明的耧车已有2000多年的历史,而西方国家发明的条播机的历史不过一两百年。

太初四年(前101年)冬,匈奴呴犁湖单于死,其弟且鞮侯立为单于,为与汉修好,遣使送回以往扣留的汉使路充国等人。天汉元年(前100年)三月,汉武帝为回报匈奴善意,派中郎将苏武、副中郎将张胜及随员常惠等出使匈奴,送还原被扣的匈奴使者,并厚馈单于财物。

苏武等到达匈奴后,原降匈奴的汉人虞常等人与张胜密谋,欲劫持单于母亲阏氏归汉。事发后累及苏武,苏武不愿受辱,自杀未成。单于敬重他,派汉降臣卫律劝降。苏武对常惠等人说:"屈节辱命,虽生,何面目以归汉!"拔刀自刺,被卫律抱而抢夺佩刀,未死。尽管卫律软硬兼施,苏武不为所动。于是单于把苏武幽禁在地窖中,

断绝饮食,以此逼他就范。苏武吞旃饮雪,坚持数日不死。匈奴以为神,就将他流放到边远的北海(今贝加尔湖)无人烟的地方,放牧羝羊(即公羊),说:"羝乳(产子)乃得归。"

◎苏武牧羊图

始元二年(前85年),匈奴壶衍鞮是单于新立,遣使者欲与汉朝亲善,单于听后答应放回苏武等人。始元六年(前81年),苏武等9人由汉使迎接回国。苏武羁留匈奴19年,习知边地民族,归国后被任为典属国,专掌少数民族事务,他在匈奴持节不屈,后世视为坚持民族气节的典范之一。

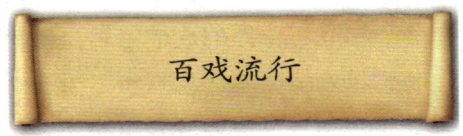

西汉中叶以后,在秦代已经十分繁荣的百戏表演更为广泛地流行起来。百戏又名"角抵戏"、"大觳戏"、"角抵奇戏",有时也简称"角抵",

是中国古代文化、艺术、体育的综合表现形式,内容非常庞杂,包括乐舞、杂技、幻术、角抵戏、俳优等诸多类别。

◎杂技俑

早在秦二世时期,就在甘泉宫举行过大规模的散乐表演。西汉中叶,尤其是汉武帝时期,经济繁荣,国力鼎盛,民间的娱乐活动与来自西域的各种技艺广泛交融,技艺逐渐丰富:汉武帝元封三年(前108年)春,元封六年(前105年)夏,分别举行了两次盛大的百戏表演集会,这种风习被长期沿袭,并开始以此招待外宾,以显示强盛的国力,同时也大大促进了各民族的文化、艺术、体育交流。

百戏表演的内容十分丰富,节目大体可分为乐舞、杂技、角抵戏、俳优等门类,这时乐舞在很大程度上已具有了戏剧表演的因素,是一种装扮人物和含有故事内容的歌舞。杂技,幻术节目,丰富而庞杂,见于记载的名目有扛鼎、寻橦、冲狭、燕跃、吞刀、吐火、履索(走索)、飞丸、跳剑、侲童,以及"胸突锋"、"戏车商木童"、"驰骋百马"、"鱼龙曼延"等。角抵狭义的概念是一种两者较力的技艺表演,它源于人与人、人与兽的搏斗,反映战争、狩猎生活场面,把实用性和观赏性结合起来,发展到后来就有了两条线索,一是向相扑、摔跤等纯体育运动延续;另一条是融入一定的生活内容,和表现故事结合起来,成为戏剧表演的最初形式。如角抵戏《蚩尤戏》和《东海黄公》都有一定的故事情节。《蚩尤戏》始于秦汉,直到宋代都还在舞台上表演,它实际上是民间为表现黄帝与蚩尤大战而创编的乐舞。表演动作、内容都是既定的,史学家认为已有了中国戏剧的雏形。

◎汉墓出土的百戏图

百戏表演在西汉时达到极盛,并长盛不衰,这些千姿百态的艺术形式,对后世的音乐、舞蹈、杂技、戏剧及体育的发展产生了巨大影响。

李陵降匈奴

天汉二年（前99年）九月，名将李广之孙、擅长骑射的骑都尉李陵率领五千步卒从居延出发，向匈奴境内进击。李陵军前进到浚稽山时，与匈奴单于相遇。

◎西汉甲胄武士俑

匈奴三万骑兵包抄进击，李陵指挥将士英勇奋战，击杀匈奴数千人。单于大惊，又召左、右地兵八万余骑进攻汉军，李陵率部下机动应战。数日后至一山谷，与匈奴骑兵再次拼搏，又斩杀匈奴三千余人。后李陵军转移至一山底，他指挥部下隐没在树丛中，射杀匈奴数千人。匈奴单于见汉军作战顽强，且往南撤退，怀疑汉有伏兵，欲引兵撤退。这时，李陵军侯管敢投降匈奴，泄露了汉军兵力情况。单于得知李陵孤军作战，于是全力围击，李陵率众将士拼死力战，最后箭弩用尽，后退无路，被俘后投降。

司马迁著成《史记》

西汉武帝太初元年（前104年），司马迁参与制定的《太初历》颁行，他认为这是历史的一个新纪元，开始撰写《史记》，经10余年的艰苦努力，我国第一部纪传体通史《史记》最终成书，成为中国史学的奠基著作。

《史记》是我国纪传体通史的开山之作，原称《太史公书》，东汉以后才称今名，也称《太史公记》、《太史记》，共130篇，包括12本纪，10表，8书，30世家，70列传。

◎《史记》

《史记》记事始于传说中的黄帝，终于汉武帝，历时三千余年。所记史事包括政治、军事、经济、文化、民族诸方面的事迹，而尤详于战国、秦、汉。司马迁撰写的《史记》，贯穿了其比较明确的历史思想，比较客观地把握了天人关系和古今通变关系，"究天人之际，通古今之变，成一家之言"正是这一历史哲学思想的精辟概括。

在中国史学发展史上，《史记》是第一部规模浩大、体制完备的中国通史，由它所创的纪传体例，为历代著史者遵循取法，竞相仿效。后世史家以《史记》"善序事理，辨而不华，质而不俚，其文直，其事核，不虚美，不隐恶，故谓之实录"而奉之为封建时代历史著作的典范。《史记》的大部分文字优美精练，对部分历史人物的叙述，语言生动，形象鲜明，在中国文学史上也占有重要地位。

元封三年（前108年），司马迁继任父职为太史令，得以阅读皇家所藏典籍，搜集史料。太初元年（前104年），在参加制定《太初历》后，开始撰写《史记》。天汉三年（前98年）因李陵案牵连入狱，受宫刑。太始元年（前96年）获释，任中书令。受刑之后，忍辱发愤，艰苦撰述。根据《尚书》、《春秋》、《左传》、《国语》、《世本》、《战国策》等史书，诸子百家的著作，官府所藏的典籍档案，以及亲身考察访问得来的资料，经十余年努力，终于写成"究天人之际，通古今之变，成一家之言"的《史记》。

《天官书》确定中国的天官体系

《天官书》是西汉司马迁《史记》中一篇，是中国流传至今的最早的系统叙述星官的著作。它收录恒星558颗，是司马迁收集到的命名了的星数，比先秦诸籍所记增加了350多颗。它不同于西方诗的命名法，而采用散文的命名法。司马迁在早已存在的北斗、四象、二十八宿的星官体系的基础上，进一步发展出五宫二十八宿的完整体系。

太史公司马迁

◎司马迁

司马迁（前145年或前135年～？），字子长，西汉左冯翊夏阳（今陕西韩城南）人。少年时随父司马谈读书，并受教于董仲舒、孔安国。后为郎中、太史令、中书令等。其父司马谈于汉武帝建元、元封年间为太史令，掌管文史星历，管理皇家图书，曾有志编写古今通史，但未能如愿，辞世前嘱咐司马迁承其遗志。

◎汉代画像石中的北斗星象图

司马迁结束了战国时期不同星官划分体系并立的局面,对当时认识的恒星作了系统的总结,这一命名体系大部分为后世所沿用。从天文学的角度说,新的星官体系有助于进一步研究日月五星的运动。司马迁为了制订《太初历》,曾树晷表,立浑仪,测量日月五星及二十八宿的位置,新的星官体系为恒星观测提供了方便,这是司马迁对我国古代天文学发展作出的一项重大贡献。《天官书》还对先秦以来的星占学作了一个总结。

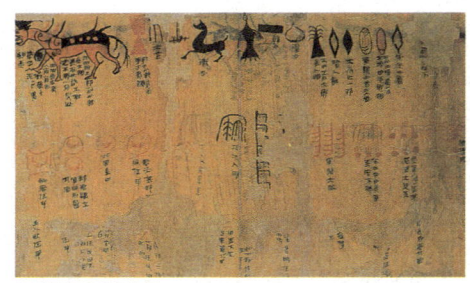

◎西汉帛书云气占图

《天官书》内容十分丰富。除以上提到者外,书中还记录了太阳系其它天体的现象,如彗星、流星、陨石、黄道光、火流星等,也记录了极光、云气、交食、交食周期、突发变星等地球物理现象和天象,实在是当时的一部天文学百科辞典。

汉武帝首倡榷酒酤

天汉三年(前98年),汉武帝刘彻为了广开财源用于和匈奴作战,根据御史大夫桑弘羊的建议,在实行盐铁专卖政策的同时,实行了榷酒酤,即由政府控制酒的生产和流通,官酿官卖,寓税于价,独享酒利,不许私人酤酒。榷酒酤是封建中央政府干预工商业政策的一部分,但这种酒类专卖制度在西汉只实行了17年。

在前81年的盐铁会议上,榷酒酤与盐铁专卖政策受到了贤良文学派的坚决反对,不得不作出让步,改专卖为征收酒税。王莽时恢复榷酒酤。东汉时因所属统治区缩小,又常受水旱灾害,因此一再禁止私人卖酒,实行私人经营国家征税制。唐中叶后重新实行榷酤,并在专卖形式上也更加多样化。

◎汉代酿酒画像砖

汉律基本定型

汉律在汉武帝时代基本定型，以后无重大改变。

汉高祖刘邦于入关之初，与关中父老"约法三章"，这是汉王朝立法的开端。汉在正式立国之后，命令丞相萧何制《九章律》——汉王朝最重要的一部法典。《九章律》是以刑律为主体的法律，是汉律的核心，军法是军事性法律，章程是行政性法规，礼仪为朝廷礼节、仪式，也法律化了。汉代立法还有一种特殊的形式，即政府肯定儒家经学大师对法律的解释，具有相当的法律效力。

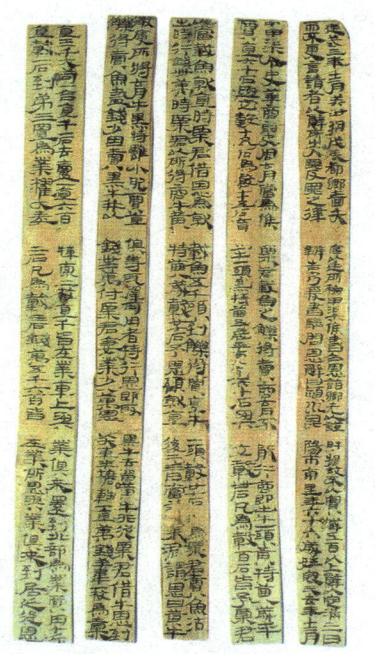

◎载有汉律内容的汉代竹简

汉武帝托孤·霍光立宣帝

后元元年（前88年）正月，汉武帝想把少子刘弗陵立为太子。因弗陵年纪幼小，弗陵的母亲年正少壮，武帝担心她以后会重演汉初吕后专权的故事，于是就想托付大臣辅佐少子弗陵。武帝遍察群臣，物色到已故奉车都尉、光禄大夫霍去病的同父异母弟弟霍光，认为他忠厚可靠，就命黄门画一幅周公负成王朝诸侯图，赐予霍光。后数日，武帝赐弗陵的母亲赵婕伃（即钩弋夫人）死，以绝后患。后元二年（前87年）二月，武帝病重于五柞宫。霍光前往询问后事。武帝说："立少子，君行周公之事。"即让霍光效仿西周时周公旦辅佐年幼的周成王一样，辅佐少子弗陵执政。又诏立弗陵为太子，封霍光为大司马、大将军，金日䃅为车骑将军，上官桀为左将军，受遗诏共辅少主。御史大夫桑弘羊亦同受顾命。不久，武帝死于五柞宫，年71岁。

大司马大将军霍光、车骑将军金日䃅、左将军上官桀等遵照武帝遗诏，拥立太子刘弗陵即位，是为昭帝。昭帝时年8岁，由霍光辅政。霍光对内轻徭薄赋，与民休息，对外与匈奴和亲，民生国力日渐恢复充实。元平元年（前74年）四月，昭帝21岁时死去，无后

嗣。大将军霍光秉承上官皇后的旨意下诏，迎接武帝孙昌邑王刘贺到长安，刘贺即皇帝位。刘贺被拥立为天子后，日益骄横，荒淫迷乱，失帝王礼仪，不听大臣进谏。于是霍光与大司农田延年、车骑将军张安世商谋，废黜刘贺，刘贺由立至废，仅27天。霍光又召集丞相以下百官议定立刘询为皇帝，皇太后同意。刘询便是后来的汉宣帝。

◎霍光像

小文化辞典 中国最早的数学著作《周髀算经》

西汉时期，约在公元前1世纪时，出现了一本有关天文学和数学的著作，名叫《周髀》。由于它最先记载许多高水平的数学成果，被后人当作数学经典，称为《周髀算经》。

在天文学方面，《周髀》主要阐述盖天说和四分历法。中国古代天文学按照提出的宇宙模式不同可分为三家学说，《周髀》是其中盖天说的代表。在数学方面，《周髀》代表了当时的最高水平，记载了汉代最新数学成就，在许多领域具有创新。

《周髀算经》的作者不详。从它的成书时间来看，它并非一人一时之作，而是对先秦数学成就的总结，是集体智慧的结晶。《周髀算经》是中国流传至今的最早的数学著作，是后世数学的源头，其算术化倾向决定了中国数学的性质，被历代数学家奉为经典。

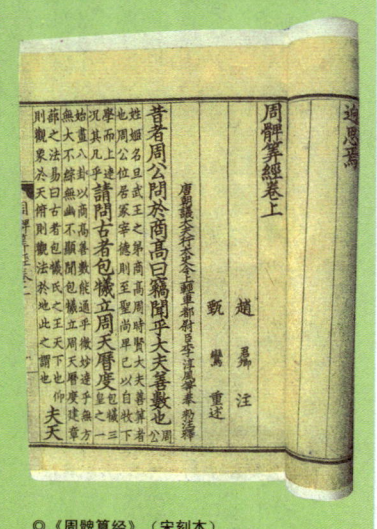

◎《周髀算经》（宋刻本）

霍光病死·霍氏灭族

前68年春,大司马、大将军霍光病重,宣帝亲临问候,为之痛哭。当日,宣帝拜霍光之子霍禹为右将军。三月,霍光病死,宣帝及皇太后亲自为其吊丧,谥曰宣成侯。

武帝、昭帝、宣帝时期,霍氏家族的势力日益扩大,其远近亲戚根深蒂固地盘踞于朝廷。本始三年(前71年),霍光妻霍显为使其幼女成君立为皇后,使人毒杀许皇后,多亏霍光遮掩,才侥幸过关。霍光死后,霍禹袭父爵为博陆侯,霍光侄孙霍山为乐平侯,以奉车都尉领尚书事。次年,霍光侄孙霍云又封冠阳侯。霍氏子弟权重势大,更加骄奢无度。他们大兴土木,修建豪华的住宅,经常托病不朝,到处寻欢作乐。霍光夫人霍显及其诸女,昼夜随便进入长信宫。霍氏骄横不法,激起宣帝不满。霍光死后不久,宣帝以张安世为大司马大将军,又立许皇后生的刘奭为太子,封许皇后之父许广汉为平恩侯,御史大夫魏相为丞相。霍显闻知刘奭为太子,非常生气,急入宫与霍皇后密谋毒杀太子。与此同时,霍显谋害许皇后事发,宣帝开始有计划削弱、限制霍氏势力。

地节四年(前66年)七月,霍氏因权势被削夺,心怀怨恨,密议谋反,欲废宣帝立霍禹,结果阴谋败露,霍云、霍山自杀,霍禹被腰斩,霍显及其姊妹皆弃市,与霍氏相连坐诛灭者数十家。霍皇后被废,幽禁昭台宫,12年后自杀。富贵极臻的霍氏家族覆灭了。

青铜器更富装饰性

汉代,由于冶铁业和锻钢技术被应用于兵器工业,延续2000多年的青铜兵器逐渐退出历史舞台,实现了青铜兵器向钢铁兵器的历史性转变。青铜兵器虽退出历史舞台,但青铜器更富装饰性。

◎马踏飞燕

汉代是我国青铜器发展的最后一个阶段,商周时期发达的青铜铸造业,伴随着冶铁业的兴起走向没落,成为其他金属工艺的附属品,向着更富装饰性的方向继续发展。其铸造和加工工艺也日臻完善。

在造型上,彻底摆脱了商周铜器的庄严、古朴、凝重的风格,向灵便、

◎伍子胥画像镜

◎鎏金兽形铜砚盒

◎错金博山炉

轻巧、适用发展，同时，品种繁多，用途十分广泛，汉代的青铜制品包括各种容器、烹饪器、用具、兵器、乐器、度量衡器等等，相对来说，礼器的比重大为减少，生活用品猛增。从容器的种类和器形上看，前代的许多器物已绝少生产，而出现了样式繁多的铜灯，制作十分精巧，形状特殊的灯具，颇富装饰性。其加工工艺的进步，表现在嵌错工艺和鎏金工艺的广泛应用上，通过不同材质、颜色的对比，使纹饰鲜明而美丽。

◎东汉镶嵌神兽纹牛灯

此外，镂刻工艺也被广泛应用，汉代铜器呈现出细致、流畅的各种镂刻花纹，包括兽类、鸟类和几何图案。铜镜更是争奇斗艳，不仅造型别致，而且图案多样、花纹简洁、明丽，铭文清晰，既美观又实用，这无不说明汉代铜器更具装饰性的特点。终结期的汉代青铜器，以其独具的风格和更富装饰性的特点，为我国青铜器制造业写下了最后的辉煌。

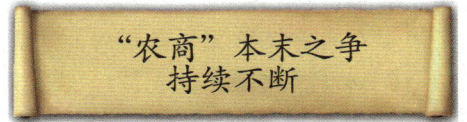
"农商"本末之争持续不断

关于农业和工商业在国民经济中的地位和作用的本末之争起源于先秦，两汉时期达到高峰，其余绪一直延续至20世纪初叶。

◎汉代钱模子

先秦时期，为了富国强兵，确保国家有充裕的财政收入和为兼并战争提供所需物质及可靠兵源，统治者极力主张把发展农业放在经济工作的首位，因而抑制奢侈品的生产和商业的发展，认为工商业是导致国贫民困的根源，本末之争由此开始。商鞅变法是"重农抑商"的典型范例，韩非子的"农本工商末"形成了这一思想的完整概念，这一时期的思想家们并没有否定工商业的社会职能，其功能是社会发展不可或缺的，甚至与"农"、"官"同等重要，是社会所必需的，只是不赞成其过度发展而侵占农业的利益并造成农业劳动力的转移，这一经济思想是先秦一代的基本国策。

◎劳动俑

西汉初年，统治者总结了秦亡的教训，认为秦始皇穷凶极欲的奢靡生活是导致秦帝国速亡的一个重要因素。为了保证农业生产的正常发展，儒家传统知识分子采取了一系列"重农抑商"的经济政策，以"贵粟"、"地著"为核心，一方面调整粮食与奢侈品如"金玉"的价格比例，以粮食作为赏罚的价值尺度，另一方面尽力使人民与土地不相脱离，从而抑制了工商业的发展和奢靡之风。汉武帝时，董仲舒反对政府垄断工商业的官营，认为应允许人民从事工商业活动。桑弘羊的经济理论主张农商并重，但坚决维护国家对盐铁等重要物质经营权的垄断。

汉昭帝始元六年（前81）二月召

开的中国历史上绝无仅有的经济政策讨论会的核心虽是盐铁官营问题，却是当时本末之争的一场大辩论。以桑弘羊为首的御史派在肯定"本"的基础上强调工商业的重要性，却忽视了商品经济发展的负面影响。朱子伯等60余名贤良文学派看到了商品经济过度发展对农业的冲击，贫富分化的加剧和消费超过生产的危险性，却没有认清商品经济的发展是社会进化的必然产物和工商业对经济增长的促进作用。

中国竹简帛书达到高峰期

在春秋战国之际，由于政治、军事斗争的需要，学术下移，一度打破了"学在官府"的文化垄断局面，诸子争鸣造成了当时图书文化的繁荣，各种著作大量涌现。西汉统一以后，鉴于先秦文籍在秦始皇"焚书坑儒"过程中遭到极大破坏，不少珍贵图书失传，重视文化重建的西汉统治者取消了图书禁令，民间私藏图书陆续出现，同时，他们还有意识地在全国广泛征集图书。汉武帝即位之初，就制订了一系列文化政策，设置了专门的机构和官员主持这一事务，经过近百年的积极努力，图书堆积如山，由于当时尚未发明可供书写的纸张，可资传播文化的媒体是竹简和帛，因而，在秦汉时期，中国竹简帛书达到了前所未有的高峰。

盖天说

西汉时期，以成书于公元前1世纪的《周髀算经》为代表，出现了较完整的、成体系的"盖天说"。盖天说认为天像圆形的斗笠，地像扣着的大盘子，都是中间高而四周低的拱形，北极是天的最高点，天地之间距离八万里，天穹上的日月交替出没，大地上就有了昼夜。

盖天说还力图说明太阳的运行轨道，定量地表述盖天说的宇宙体系。这与较早传说的"天圆如张盖，地方如棋局"的天圆地方说相比，有一定的进步，已形成一个完整的、定量化的体系。虽然随着天文学的发展，这种不符合实际的理论越来越为观测的事实所否定，但它从古人质朴的直观性出发，力图说明天体视运动现象，具有珍贵的历史意义。

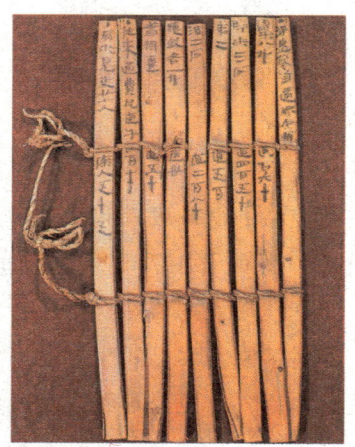

◎西汉竹简

小文化辞典

弩

弩在汉代成为比弓更重要的远射兵器，得到人们的高度重视。弩是在弓的基础上发展起来的一种利用机械力量射箭的兵器。它射程远，杀伤力强，命中率高，是古代冷兵器中威力比较强大的一种。

弩的发明不晚于商周时期，其真正使用于战争，则始于春秋晚期，到战国时期，弩已成为重要的远射兵器。汉代的弩有了很大改进。弩兵是汉军克敌制胜的重要力量，汉军将领中有不少即是射弩能手，名将李广于前121年与匈奴作战时，在众寡悬殊的情况下，以大黄弩射杀对方将领而扭转败局。

汉代的弩有许多种，依弩的操作方式和强度的不同，分为脚踏开弩和手张弩两种。汉代已经出现了铁制弩机，但多数仍是青铜制成。与战国末期的铜弩相比，汉弩的最大特点是出现了带刻度的"望山"，其作用类似于近代步枪的表尺，射手通过望山控制镞端的高度，调整发射的角度，以便更准确地瞄准目标。

弩的发射比较麻烦，而射手很难同时兼用其他兵器，所以他们往往被编成数组，轮番连续发射。汉代可以算是弩的发展顶点，至南北朝它即趋衰落，火器的出现更使弩逐渐被淘汰掉。

◎铜弩机

纺车和织机出现

西汉是我国古代纺织技术发展的一个高峰期，纺车和织机的出现，使丝、麻、毛、棉纺织都达到了较高水平。

◎云南晋宁出土的汉代青铜腰机模型

原始的手摇纺车在商周已经出现，但当时的主要纺纱工具仍是纺坠。秦汉时，手摇纺车普及开来，并发明了脚踏纺车。纺车在汉代又称作"车壬"。纺车的发明和推广使丝麻产品的产量和质量大大提高。汉代在先秦纺织技术基础上迅速发展，出现了各种不同功能的织机，主要有斜织机、多综多蹑花织机、束综提花机、罗织机、立织机等。斜织机出现于战国时期，秦汉便推广开来，与踞织机比较具有织物不易受尘土污染，织工易于随时观察织物状况，劳动强度低等优点，是纺织工艺的一大发展。欧洲6世纪才出现此类工艺，13世纪才广泛使用。

秦汉时罗织机出现，生产出美观

的四经绞素罗和菱纹罗。立织机也是织机的一种，它的经纱面与地面垂直，主要用于织造地毯、绒毯等毛织物。由于多种织机的使用和整个纺织技术的提高，汉代生产出了许多纱、縠、罗、绮、绫、锦等色泽鲜艳、图纹华茂的织物，不但满足国内社会的大量需要，而且流向世界各地，推动了国外纺织技术的发展。

《盐铁论》编成

汉宣帝初年，桓宽把昭帝始元六年（前81年）盐铁会议所留下的会议记录，整理编排写成《盐铁论》。

桓宽，字次君，汝南人，也就是今河南上蔡西南人，研究过《公羊春秋》，博古通今，而且擅长文字功夫。宣帝时曾任官职为庐江太守丞。

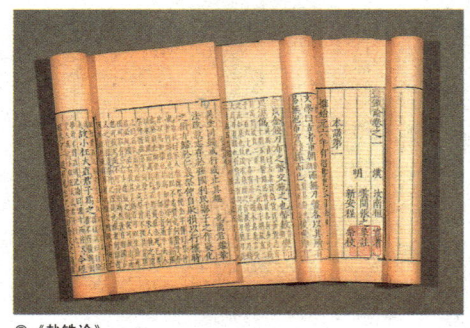

◎《盐铁论》

在昭帝始元六年（前81年）召开盐铁会议，这次会议留下了会议记录，到了汉宣帝初年的时候，桓宽就根据所留下的会议记录进行整理、编集，成书《盐铁论》。此书一共分成六十篇，每篇都有标题，其中前五十九篇是用来客观介绍辩论双方的意见，最后一篇《杂论》就用来说明桓宽自己编书的起缘和对这场辩论的看法。

全书前后联成一气，采用对话的形式，以生动的语言真实反映了当时会上对立双方的辩论情形，全面系统地阐述了儒家的经济思想，忠实完整地保留了桑弘羊的思想和言论，成为研究中国古代经济思想史尤其是西汉经济思想史的一部重要著作。

纺织技术达到前所未有的高峰

中国的纺织业历史悠久，技术先进，两汉时期是纺织技术发展的一个高峰期，丝、麻、毛纺织技术都已达到较高水平，边远地区的棉纺也有所发展，缲车、纺车、缫丝工具，以及脚踏斜织机都已广泛使用，多综多蹑织机在实践中日臻完善，束综提花机已经产生，染色技术进一步发展，发明了多色套版印花和蜡印工艺。"薄如蝉翼"的素纱可与今天的尼龙纱相媲美。

西汉时原料加工技术发展迅速。当时的原料主要有蚕丝、葛、麻、毛、棉等。蚕丝主要产自黄河中下游的山东、河南、四川等地,出现了临淄、襄邑、任城等著名的蚕业中心,两汉时养蚕的工具槌、木寺、箔、笼等已大致配套,许多基本工具和操作程序一直沿用到近现代。在处理蚕茧上,可能已采用阴摊降温法来拖延蚕蛹化蛾时间,或用日晒法将蛹杀死,既减轻缫丝的紧张程度,又有利于提高生丝的质量。

◎西汉菱花纹贴毛锦

◎西汉乘云绣黄色对鸟菱纹绮

◎汉树叶纹缂丝坐垫

缫纺技术进一步推广。热水煮茧缫丝工艺广泛使用,手摇缫车已相当完善,既具有横动导丝机构,使绕上去的丝能依层次形成"交叉卷绕",又具备脱绞机构,使丝绞容易从车上卸下。手摇纺车早已普及,并发明了脚踏纺车,这种织机一直沿用到近现代。

染印技术广泛使用。西汉时期,练、染、印工艺都有了进一步发展。漂练丝帛时,用草木灰沤练工艺和砧杵捣练的方法相结合,提高了丝帛脱胶效果并缩短了脱胶时间;染色法有直接浸染和媒染剂多次浸染等。还发展了

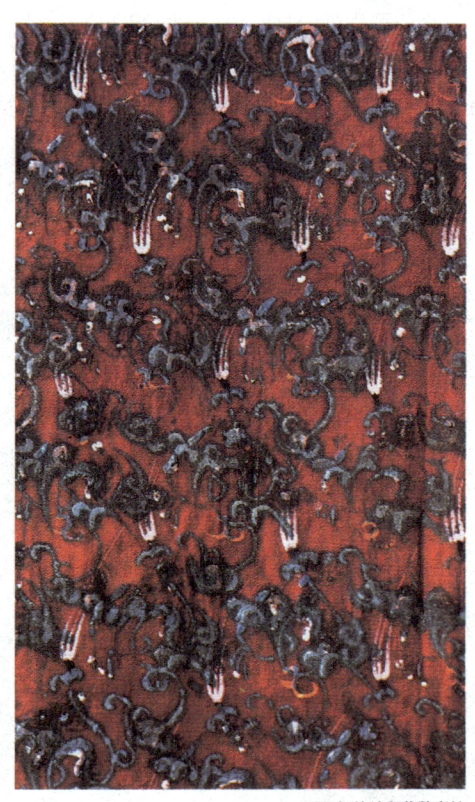

◎西汉绛地印花敷彩纱

套色型版印花技术和发明了蜡染工艺。前者使色浆细腻醇厚，复迭出多层次的纹饰，后者先用"蜡刀"蘸取蜡液在预先平整光洁的织物上描绘出各式图样，并使其干燥，投入染色液中染，最后用沸水去蜡，可得到图案精巧细致的蜡染织物。

◎西汉素纱禅衣

逸闻趣事 画功臣于麒麟阁

甘露三年（前51年）二月，汉宣帝见国强民富，天下太平，于是追思历年来股肱之臣的美德，命宫廷画家在未央宫中的麒麟阁摹绘11名功臣像，并署其官爵、姓名。霍光因为其儿子霍禹谋反而未署名。

麒麟阁功臣像开后世为功臣画像的风气，这些西汉著名人物肖像在绘画艺术方面推动了肖像画艺术水平的提高。

◎西汉镶黄玉鎏金铺首

文化小辞典 透光镜

透光镜是中国古代运用光学和力学原理制成的一种铜镜。铜镜在战国时代有较大的发展，到了汉唐时期，铜镜技艺已经较为成熟了，汉代出现了透光镜。

上海历史博物馆保藏有两面西汉时期的透光镜，圆形，直径7.4厘米，重50克。镜的背面刻有图文，在阳光的照射下，图文能够被完整地映射到墙上，故而得名。这一奇特的透光现象令人费解，日本人称其为"魔镜"。经过研究，人们认为这种现象是由于镜面存在的许多凸凹的曲率不

◎汉代透光镜

同而造成的。因为镜背面上的图文处微凹，非图文处微凸，光线分别会聚和发散，在映像中就出现相应的亮部和暗部，所以能在墙上形成镜背面图文。透光镜的出现表明西汉时期铜合金的冶炼、铸造和加工技术已达到较高水平。

炒钢发明

炒钢技术约发明于西汉中晚期。后以生铁为原料,加热到液态半液态,撒上矿石粉,不断搅拌,在强氧化性环境中(铁矿粉和空气中的氧)降低生铁中碳的含量(或称脱碳),制得钢或熟铁。这种炼钢法简化了工序,提高了产量和质量。

因此这种技术发明以来很快得到推广,而且炒钢设备的规模也日益扩大,在较大程度上满足了社会对可锻铁的需求。

到了东汉,除弩机外,一般兵器都以铁制成,汉代以来用炒钢锻制的铁农具已取代了铸制铁农具的主导地位,在农业生产中发挥着极其重要的作用。炒钢法是我国古代劳动人民在冶铁史上的一项重大发明,在炼铁技术中既快捷又简便价廉,沿传不衰。

汉阙雄伟

建筑艺术发展到汉代,已具有相当的水平,和当时的盛世景象相衬,汉代建筑一般都具雄伟气势,结构亦很精致。其中汉阙就是一佐证。

汉阙,通常是成对地建在城门或建筑群大门外表示威仪等第,因左右分列,中间形成缺口,故称阙(古代"阙"、"缺"通用)。它的雏形是古代墙门豁口两侧的岗楼,在人们能够建造大型门屋后,便演变成门外侧的威仪性建筑,防御功能逐渐减弱。据文献记载,在西周时已有阙,但没有保存下来,现存最早的阙是汉代修建的。

◎汉代望楼和庭院建筑

汉代是建阙的盛期,都城、宫殿、陵墓、祠庙、衙署、贵邸以及有一定地位的官民的墓地,都可以按一定的等级建阙。墓前建阙已经成为一种制度,即使在崖墓,也在入口的石壁左右雕刻阙形。汉阙建造得非常雄伟,外形高大,颇有威仪,西汉长安城未央宫的东阙、北阙,建章宫的凤阙、圆阙,是历史上著名的大阙。传说凤阙高20余丈。据有关资料记载,这些

巨阙造型很有气势,设计精巧,充分体现了汉代盛世的气魄,可惜经岁月流转,现在除凤阙尚有夯土残址外,其余的都已堙灭,保存下来的只是一些东汉的小型石造祠阙和墓阙。

从汉阙的造型结构的大略了解,它们对于比例、尺度、装饰部位等,已有细致推敲,可以想见当时的建筑艺术水平和审美要求。大型仿木构型阙的存在,在如今缺少汉代木构建筑实物的情况下,具有相当重要的价值。

小辞典人物 经济思想家贡禹

初元五年(前44年)十二月,经济思想家贡禹去世。贡禹,生于公元前124年,字少翁,琅琊(今山东诸城)人。以明经德行征为博士,历任凉州刺史、河南令。

元帝时,征为谏大夫,初元五年为御史大夫。贡禹曾多次上疏元帝,为解决"年岁不登、郡国多困"的局面,奏请减损乘舆服御器物。还数言得失,要求元帝选贤能,诛奸臣,罢倡乐,修节俭,注意减轻赋役。许多建议得到元帝接纳。贡禹在土地、赋税、货币等问题上均提出自己的见解,主张抑制兼并,崇本抑末,减轻赋税;废弃货币,代以谷帛。他是第一位主张废除货币,使民众专心务农的人。

小辞典人物 律学家京房

京房(前77年~前37年),字君明,本姓李,东郡顿丘(今河南清丰西南)人,汉代今文易学"京氏学"的开创者,律学家。他曾师从孟喜弟子焦延寿学《易》,著有《京氏易传》,元帝时被立为博士。他多次上书谈论灾异,以灾异推论时政得失。建昭二年(前37年)六月,元帝数次召见京房,京房上奏建议采用考功课吏法,为当时专权的中书令石显、尚书令五鹿充宗所嫉恨。他们建议元帝任命京房为魏郡(今河南安阳北)太守,试用考功课吏法治郡。仅一个多月,石显等便以"诽谤政治,归恶天子"的罪名诬告京房,京房死于大狱。

京房在乐律方面有突出贡献,他的律学成果受到其易学思想的影响。京房在律学上最重要的贡献是提出"竹声不可以度调"的论点,即不可用竹制律管来定音,而主张以弦律定音,并计算出十三弦"律准"的数据。京房在2000余年前的西汉,揭示了如此精微的律学感知,给后世以很大启迪。

◎西汉彩绘木乐俑

汉匈和亲·昭君出塞

建昭三年（前36年），汉朝消灭郅支单于，帮助呼韩邪单于重新统一匈奴。呼韩邪又高兴又害怕，在建昭五年（前34）上书汉朝，表示要入汉朝见汉帝。

◎明代仇英绘《明妃（昭君）出塞图》

元帝竟宁元年（前33年）正月，呼韩邪单于第三次入汉觐见汉帝（前两次为前51年、前49年），提出愿为汉婿，复通和亲之好，元帝准其要求，把宫女王嫱以公主的礼节嫁给呼韩邪单于。

王嫱，字昭君，南郡秭归（今湖北）人，幼时被选入宫做宫女。当得知朝廷选宫女与匈奴和亲的消息，昭君慷慨应召，愿远嫁匈奴。昭君姿容丰美，仪态大方，通情识理，深得呼韩邪单于钟爱。昭君离开长安时，文武百官一直送到十里长亭，她怀抱琵琶，戎装乘马出塞。到匈奴后，呼韩邪单于封她为"宁胡阏氏"。后生一子，取名伊屠智牙师，长大后被封为右日逐王。成帝建始二年（前31年），呼韩邪单于去世。依匈奴风俗，昭君复嫁复株累单于（呼韩邪单于与大阏氏子），又生二女。昭君出塞后，匈奴与汉朝长期和睦相处，汉匈民族间政治、经济、文化的联系有所发展，边境安宁，百姓免遭战争之苦。元帝下诏将昭君出塞这一年改元竟宁。

逸闻趣事：汉代开始画门神

门神是指中国古代神话传说中的司门之神，最初的门神只是抽象概念，到汉代，门神有了具体的形象和姓氏。汉人以神荼、郁垒为门神，按神话故事描绘的形象开始画门神。从此贴门神避恶鬼成为一种风俗在汉代流行。

王充在《论衡·订鬼》中引述了《山海经》里的门神故事。传说沧海之中有度朔山，山上有棵大桃树，万鬼出入其枝杈间，神荼、郁垒两位神人统管万鬼，对于穷凶极恶的鬼，他们就用苇索绑着喂给老虎吃。黄帝于是作礼敬神荼、郁垒二位为门神。具体仪式是在门口立一大桃人，门户上画神荼、郁垒和老虎并且悬挂苇索在门上以驱赶恶鬼。门神遂有了姓氏和特定职责，门神的形象也固定下来，神荼白脸喜相，郁垒红脸怒相，历代相沿。每到岁末，家家户户都在门上贴门神，挂苇索，插桃枝，形成一种民间风俗。

◎汉墓壁画：门卫

汉代画门神的风俗开创出一种新的绘画形式——门画。门画所描绘的内容往往随着门户的性质和人们的愿望发生变化，门神的形象也因之改变。门画的题材拓宽，除驱鬼避邪外，还出现吉祥题材的年画。

中医临床诊治经典《难经》问世

《难经》是继《内经》之后出现的又一部医学理论典籍，最后成书约在东汉以前，一说秦汉之际，又名《黄帝八十一难经》、《八十一难》，作者不详，隋以前托名黄帝撰，唐以后多题为扁鹊（秦越人）撰，均属伪托。

《难经》是释难之作，书中以问答形式，讨论了81个疑难问题，绝大部分是《内经》中已经提出而尚有疑点的问题，少部分引用的"经言"应该是指《素问》和《灵枢》二经，所以《难经》可以说是《内经》的延续和解答。《难经》首次全面论述了以寸口脉诊断全身疾病的原理，改变了《内经》中多见的遍身诊脉法。《难经》"独取寸口"的诊脉法，被历代医学家推崇并沿用至今。《难经》还将人体经脉手足三阴三阳十二正经之外的冲脉、任脉、督脉、带脉、阴脉、阳脉、阴维脉、阳维脉称为"奇经八脉"，系统地对各脉的内涵、循行路线、生理功能、病理变化进行了论述，确立了中医经络学说完整的经脉系统。《难经》还提出了"右肾命门"的学说，认为"肾间动气"是生命之本，左肾为肾，右肾为"命门"，为明代李中梓确立的"肾为先天本论"奠定了基础。

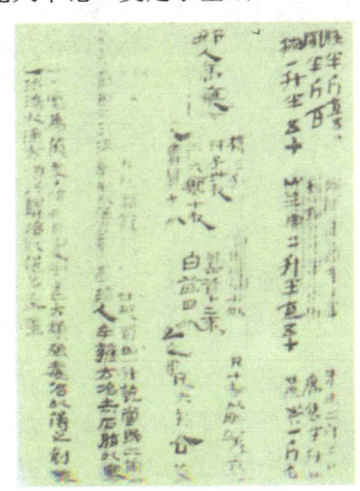

◎医方木简

《难经》是继《内经》之后又一重要的医学理论典籍。它对人体解剖生理、病理及"独取寸口"的诊脉法的叙述，反映了秦汉时中医理论的水平，对以后中医理论的发展有深远的影响，之后历代对《难经》都有校勘注释和补正发挥，有众多的版本刊行。

汉代针灸疗法流行

秦汉时期，针灸疗法一直在临床治疗学中居于重要地位。针灸是古老的治疗方法。马王堆出土的《阴阳十一脉灸经》，记载了灸治各条经脉在临床上的治疗作用。《黄帝内经》讲述了完整的经络理论，对俞穴、针法、刺禁等都有详细的说明，还记载了9种不同的针具，称为"九针"，并分别记述了"九针"的用法和功能。

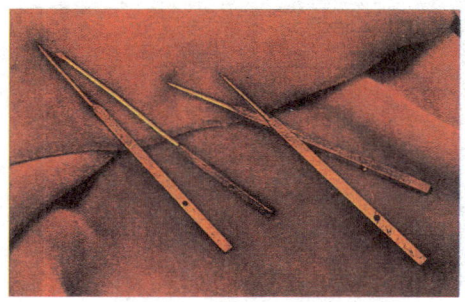
◎刘胜墓金针，为早期的针灸专用针。

从西汉初年的淳于意，到东汉末年的张仲景，都是针灸与药物并用的著名医家，尤其张仲景，不仅在《伤寒论》中多次提到针灸疗法，而且专设"可刺不可刺"、"可灸不可灸"等章，论述针灸宜禁问题。西汉时期还出现了专以针灸治病的医生，如四川涪水一带的涪翁，就是一位家境贫寒而热心以针灸为人治病的针灸专家，其弟子程高、再传弟子郭玉，都以针灸之术著称。据说涪翁还撰有《针经》一书，可惜没有传世。

◎日斗禁灸

华佗不仅是杰出的外科学家，而且精于针灸之术。当时曹操患"头风眩"病，屡治不效，华佗却能用针灸迅速取效，因而被曹操强行留作侍医。此外，华佗的弟子樊阿，也是著名的针灸大家。据史书著录，汉代曾有不少针灸专著问世，可惜均已失传。晋代名医皇甫谧著《针灸甲乙经》时，曾以《明堂孔穴针灸治要》为重要参考书，该书出自汉代医家之手，其主要内容保存在《针灸甲乙经》中。

《急就篇》编成

汉元帝时，宦官黄门令史游写成《急就篇》，又名《急就章》。该书收录常用字，依人名、地名、器物杂用等分类编排。大抵每七字一句（有

少数三字句），押韵合辙，便于诵读记忆。该书原抄写于三角觚（古代用来写字的木简）上，每面一句，取首句"急就奇觚与众异"首二字为名。全书篇幅不多，字句整齐，实用易学，是汉时流传颇广的训蒙课本，用于学童识字。

◎急就篇

著名辞赋家扬雄

◎西汉扬雄像

扬雄（前53年～公元18年）字子云，蜀郡成都（即今四川成都）人，西汉著名辞赋家，汉成帝初年作《反离骚》。

扬雄年青时好学苦读，精通经书训诂之学，博览诸子百家之书，擅长写作辞赋，经常模仿同乡前辈司马相如的作品。他有感于屈原辞赋胜过司马相如却不能为世人所接受，每次读《离骚》，没有不流泪的。于是他认为：人能否在现实中实现自己的志愿理想，完全依靠命运的安排，没有必要像屈原那样不得志就投水自尽。因此他仿照骚体作《反离骚》，把它从岷山投入江流，以凭吊屈原。

《反离骚》同情屈原的遭遇，但又从老庄思想出发指责屈原"弃由、聃之所珍兮，蹠彭咸之所遗"，流露出一种明哲保身的思想，影响对屈原的正确评价。后来，扬雄还仿屈原文风作《广骚》，又仿《惜诵》、《怀沙》作《畔牢愁》。

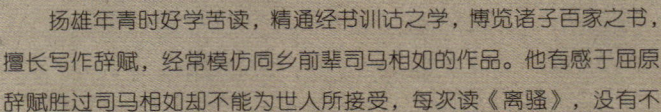

《别录》、《七略》开创中国目录学

汉成帝河平三年（前26年），因为汉武帝以来宫中藏书颇多散失，成帝便下诏命令谒者陈农去征集天下散失的图书，汇集于天禄阁。又命光禄大夫刘向等整理校勘宫中藏书。刘向主要校勘经传、诸子、诗赋，并主持全面整理工作。每校完定稿一书，刘向都写出叙录，分别介绍该书的篇目顺序、内容提要和作者生平，并略作考证，辨别书的真伪，思想和史实的是非，剖析学术源流及确定书的价值。各书叙录都附带在本书中，后经分类汇抄，又单独成书，称为《别录》，

共 20 卷（今仅存散篇），是中国第一部书目提要。

刘向主持的图书校理工作，是我国历史上大规模整理图书的开始，对图书馆学、校勘学、目录学、版本学都有开创性的影响。《别录》一书树立了提要目录的典型，并首创图书分类法，在目录学史上具有重要的意义。

©汉代铜漏壶

刘向死后，其子刘歆奉诏校《五经》，继续刘向未完成的工作。刘歆在《别录》的基础上概括许多书籍内容汇成中国第一部官修目录《七略》。《七略》是中国历史上第一部综合性的图书分类目录，它保存了关于古代典籍的许多宝贵资料，创立了古代图书六分法之类例，成为班固写作《汉书·艺文志》的蓝本，与《别录》同为我国古典目录学奠基之作，反映了西汉末年图书事业发展的成就与规模，对后世目录学的发展有深远的影响。

烧沟汉墓壁画代表中国早期壁画

汉代，壁画盛行，1957 年发现于河南省洛阳市烧沟西汉晚期墓室内的壁画，是中国早期壁画的代表。

烧沟汉墓壁画面貌基本完整，它的主要造型手段是线描，侧重于表现人物性格和运动感的传达。情节性画面上背景与前景人物的平面关系，呈现了早期绘画的二维特点。以画为主、雕绘结合的表现手法，可能受到当时地面建筑装饰手法的影响，是后世大量这种艺术形式的雏形。

赵飞燕专宠·班婕妤奉长信宫

汉鸿嘉三年（前 18 年），成帝刘骜微服巡行，经过阳阿公主家，见歌女赵飞燕艳丽非常便召她入宫，极为宠幸。不久，成帝又将其妹赵合德召入宫中，封赵氏姊妹为婕妤。从此赵氏姐妹贵倾后宫，原来受成帝宠幸的

许皇后和班婕妤都失宠。为了进一步巩固自己在宫中的地位，赵飞燕又诬告许皇后、班婕妤有邪媚之道，诅咒后宫与皇上。同年冬十一月，成帝废许皇后，将她赶至昭台宫，又诛杀皇后之姊谒，并将其亲属发送回故里。永始元年（前16年）成帝立赵飞燕为皇后，又封赵合德为昭仪，居昭阳宫。该宫全用黄金、白玉、明珠、翠羽装饰。

◎明代仇英绘《汉宫春晓图》

班婕妤，名不详，楼烦（今山西朔县东）人，是班固的祖姑（姑奶奶）。从小便有才学，善于写诗作赋。成帝初即位时，她被选入宫，开始为少使，不久得宠立为婕妤。成帝曾想和她同车游后庭，班婕妤婉言拒绝，她说：看古代图画，圣贤君主都有名臣陪侍一旁，末代昏君才有宠姬相陪；如今皇上想与我同车，难道不和此相似吗？成帝认为班婕妤颇为贤惠。后来赵飞燕姐妹得宠，班婕妤和许皇后进见皇帝的机会渐少。许皇后被赵氏姐妹诬陷后，婕妤见情势危急，便请求去长信宫侍奉皇太后。成帝死后，她奉守陵园，死后葬于园中。刘骜因宠爱赵氏姐妹，便把军政大权交给外戚王氏掌管，汉朝由此步入外戚专权的时代。

小文化辞典：流入中原的胡风舞

西汉时期，西域乐舞开始内传，大大丰富了中原舞蹈艺术形式，在中原刮起一阵不小的"胡风"。

汉代在吸收外国和国内各族乐舞的同时，外国及各族使节和乐舞艺人也在做着舞蹈艺术的交流工作。汉朝与西域各地的和亲联姻活动，也成为舞蹈交流的一个途径。汉武帝把细君公主嫁给乌孙王、汉宣帝把解忧公主嫁给乌孙王，在多次谨见、探亲、朝贺活动中，舞蹈艺术得到了交流。由于西域乐舞的大量传入，到东汉灵帝时，"胡风舞"成了宫廷内外深受人们欢迎的舞蹈。胡风舞传入中原后，很快同汉朝舞蹈结合。

在汉朝与缅甸、印度、朝鲜、日本等国贸易往来中，也有文化艺术以及舞蹈的交流。中原与南方边陲地区在汉代也有广泛的舞蹈文化交流。广州一带就出土了许多具有浓郁中原舞蹈风味的汉代玉雕舞人。广州象岗南越王赵眛墓6个玉雕舞人，有的绕舞长袖，有的双双并立而舞，有的欲轻盈举步，舞姿形态十分生动，有一种古越族与汉族舞蹈相互交融渗透所产生的别致风韵。

汉代，外国和我国各少数民族舞蹈艺术从各种渠道传入中原，在中原舞蹈和其他民族舞蹈融合的过程中，舞蹈艺术得到了各方面的充实和升华，为后代舞蹈艺术的发展奠定了坚实的基础。

◎西汉双人舞盘鎏金铜扣饰

汉字进入今文字时代

在汉字发展史上，隶书的形成是一个十分关键的转折，它的定型标志着汉字脱离了古文字时代而进入今文字时代，汉字从此进入了新的发展阶段。

隶书起源于战国时期，秦时已普遍流行于民间，在民间经过不断的加工和完善，到西汉晚期已达到成熟阶段，基本定型，是汉代的主要字体。

在不同的发展时期，隶书呈现出不同的特点，因而又被分为秦隶、汉隶和八分三种形式。早在战国时期，秦代的竹简文书，甚至在兵器、漆器、陶器、量器等铭文中已出现了笔画省减，直多弯少，书写草率的简体字，可谓隶书的雏形。秦始皇烧毁经书，扫荡了旧有典籍，选拔了大批官吏，官职繁多，文书也大量增加，为了适应这种需要，迫切需要一种简便的文字来代替复杂难识的籀体和篆体，隶书也就应运而生了。

汉代日常应用仍是隶书，但在形体和笔势方面都不断发展，逐步形成一种扁方、规整，捺笔上挑等讲究挑法、波势、波磔的书体，如西汉武帝到东汉光武帝时期的居延汉简和敦煌、新疆各地出土的汉简，就是典型的汉隶。东汉中期熹平年间刊立的《熹平石经》为标准的笔画匀称，波势工整的隶体定为"八分"，魏以后便成为一个普遍的名称。

◎幽州书佐秦君石阙

后人把魏晋南北朝以后的真书（楷书）也称为隶书，与行书、草书等相对，取其正式标准的意义。从篆书到隶书的演进是汉字发展史上的一次大变革，从此汉字走向更简化、笔画化、定型化。

小文化辞典

中国最早的传统农书《氾胜之书》

西汉成帝（前32年～前8年）时，著名的农书《氾胜之书》成书。

氾胜之，西汉山东人，生卒年不详。他在汉成帝时出任议郎，曾在包括整个关中平原的三辅地区推广农业，教导种植小麦。在总结农业生产经验的基础上，氾胜之写成了农书18篇，这就是《氾胜之书》。

◎氾胜之像

《氾胜之书》，原名《氾胜之》，著录在《汉书·艺文志》中，《隋书·经籍志》始称为《氾胜之书》，以后沿用此名。原书约在北宋初期亡佚，现存的《氾胜之书》是从《齐民要术》等一些古书中摘录的原文辑集而成。《氾胜之书》是现存最早的一部农书。它总结了北方旱作农业技术，对传统农学产生了深远影响。该书列举了十几种作物具体的栽培方法，奠定了中国传统农学作物栽培总论和各论的基础，而且其写作体例也成了中国传统性农书的重要范本。《齐民要术》直接引用前人的著述，以《氾胜之书》为最多。

《山海经》基本完成

《山海经》是中国古代的地理著作，今传本是经西汉末年刘向、刘歆父子校勘整理的，共18卷，包括《山经》5卷，《海经》8卷，《大荒经》4卷，《海内经》1卷。原有图，早已亡佚，今本的图是后人补入的。

关于该书的作者已不可考，旧传是禹、益所作，还有说是出自"禹鼎图"，都不可信。《山海经》中的《山经》和《海经》各成体系，成书年代也不相同。《山经》是巫祝之流根据远古以来的传说记录的巫觋之类，一般认为成书于战国初期或中期。《海经》记载海内外各方异域的传闻，包括大量神话传说，大约是秦汉之际的作品，为方士所作。刘氏父子在校订《山海经》时，曾删除了部分内容，这部分独立以《大荒经》和《海内经》流传，晋郭璞注《山海经》时重新录入，并使其独立成篇。

《山海经》的形成，经历了从公元前5世纪春秋战国之交开始，延续此后约300年的漫长历程，是这一时期世界地理知识的汇集。它所记的内容相当丰富，涉及范围很广，包含了古代山川、道里、历史、民族、物产、医药、祭祀、巫术、动物、植物、矿产等诸多方面。书中记载和保存了大量的神话和古代传说，具有很高的文

◎长股国人　　　　　◎三首国人　　　　　◎刑天

化史价值，对研究中国原始社会和上古的姓氏、部族，以及考察上古人的宇宙观、自然观和对社会历史的认识都意义重大。另外，《山海经》中包含了我国早期的域外知识，反映了许多中国人对域外地理的认识，表现了我国早期人民丰富的地理知识和对周邻民族的认识，展现了一幅关于中华文明最古老的立体地形图。

佛教传入中国

元寿元年（前2年），博士弟子景卢从大月氏王使臣伊存授浮屠经。这是佛教思想传入中国的最早文献记录。

佛教发源于古印度，两汉之际，佛教主要经由西域传入中国内地。关于佛教传入中国有两种说法。西汉武帝时（前140年～前86年），张骞出使西域，从此开辟丝绸之路，印度佛教就经过中亚诸国，顺着这条经济文化渠道而进入了中原。也有人认为佛教在东汉初传入中国。东汉明帝曾派蔡愔、秦景出使天竺，蔡愔和沙门摄摩腾、竺法兰回到洛阳，在洛阳建立白马寺。

东汉初年（25年）后，上层权贵已有信佛的人，但只是把佛陀依附于对黄老的崇拜。在一般人心目中，佛教教义与黄老之学宣传的道教理论相类似，佛陀类似于神通广大的神仙。东汉时期一直把黄老、浮屠混而为一，信奉的人也多是西域僧人。由于佛教依附于黄老道术，不能够充分显示自身的特色和力量，所以不能够引起社会强烈关注。直到汉末，情况才开始

有所改变,在地方和民间佛教信徒才一天天增多起来。东汉时期是佛教传入中国之后的第一个阶段,它的特点是不举行太多的外在活动,而把主要精力用在传经、译经、积蓄力量上面。

最早的汉译佛经是《四十二章经》,安息国僧安世高于桓帝年间来洛阳开始译经,在20多年中共译经34部40卷,介绍小乘禅法。月氏僧人支娄迦谶于桓帝末年至洛阳,灵帝年间译出佛经14部27卷,都是大乘佛教经典,向中国人首次介绍了印度大乘般若学的理论。

◎汉代铜四人博戏俑

王莽托古改制·摄位篡汉

公元8年12月,王莽伪称顺应天命,篡汉自立为皇帝,改居摄三年为初始元年。

平帝元始元年(1年)正月,王莽辅助幼主,自以为功比周公,想昭示天下人,为自己邀功请赏,便暗示益州郡官吏命令郡外的越裳氏进献一只白雉两只黑雉,又建议王太后下诏将白雉进献祖庙。于是群臣盛赞王莽有安定汉朝的大功,提议赐号称"安汉公"。王太后同意。王莽再三推辞后方接受尊号。后又暗示公卿上奏:太后年事已高,不应亲自处理小事。于是,太后下诏除赐封爵位一类大事外,其他政事都由安汉公和四位辅臣商议处理。这样,王莽的权力几乎等同国君。

元始四年(4年),根据古时周公为周朝大宰、伊尹为商朝阿衡的旧例,为王莽加封号"宰衡",以示尊重,居上公之位。同年夏天,王莽为了笼络儒生,为代汉自立、膺受天命作舆论准备,上奏兴建明堂(古时天子举行重大典礼之所)、辟雍(天子所设的大学)、灵台(天子观象、望气之台);并为学者筑学舍万间,征召天下硕学异能之士,先后来到京师的达上千人。

元始五年(5年)五月,以富平侯张纯为首的902名公卿大夫、博士、列侯、议郎等联名向太皇太后上书,称颂王莽功德可比伊尹与周公,请加"九锡"。太皇太后便下诏赐给王莽"九

◎新莽铜环权

◎王莽像

"锡"的待遇。同年十二月，王莽见平帝为母卫后被留在中山国而愤愤不平，便在年终大祭时奉上椒酒，置毒酒中，毒死了14岁的平帝。平帝死后，前辉光谢嚣上奏太皇太后说：武功（今陕西县东）有人在打井时得一白石，上刻"告安汉公莽为皇帝"。王莽便指使同党向太皇太后上书，要求让他代天子临朝。太皇太后无奈，只好顺从这一要求，由王莽摄政，称为"摄皇帝"。次年，王莽改年号为居摄元年。三月，王莽立年仅两岁的刘婴（宣帝玄孙）为皇太子，号称"孺子婴"，以效仿周公摄政旧事，为代汉自立作准备。此后数年间，关于王莽应代汉称帝的符命图谶频繁出现。

居摄三年（8年）十一月，未央殿前出现铜符帛图，上面写着"天告帝符，献者封侯。承天命，用神令"数字。王莽认为是摄皇帝将要成真皇帝的征兆，便改年号为"初始"。不久，梓潼（今属四川）人哀章制作铜匮，内藏"天帝行玺金匮图"与"赤帝玺某传予黄帝金策书"，伪托高祖遗命，令王莽称帝。随后捧铜匮至高帝祠庙，交给高庙仆射。仆射将此事报告了王莽。王莽便到高帝祠庙接受铜匮，然后戴上王冠进见太皇太后，转身坐在未央宫前殿，即真天子位。定国号为"新"，以十二月朔（初一）为始建国元年正月朔，服色尚黄。至此，西汉灭亡，王莽达到了他的托古改制，篡汉自立的政治野心。

绿林军起义·赤眉军起义

天凤四年（17年），荆州一带发生饥荒，新市（今湖北京山）人王匡、王凤兄弟为饥民排解纠纷，深得饥民爱戴，被推为领袖，聚众起义。不久南阳人马武、颍川人王常、成丹等率众参加。他们劫富济贫，除霸安民，深受群众拥护，数月之间便发展到七八千人。他们的根据地在绿林山（今湖北大洪山）中，故称为"绿林军"。历时近9年的绿林军起义，给腐朽、

黑暗的王莽统治集团以致命的打击，用暴力推翻了新莽政权的统治。

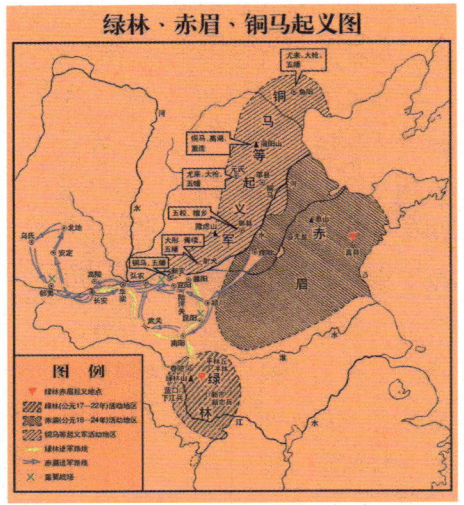

天凤五年（18年），青徐一带发生大灾荒，琅琊人（今山东诸城）樊崇率百余人于莒县（今属山东）起义，起义最后失败。但是赤眉军是当时始终保持着农民本色的最大的起义军，它不仅给新莽反动统治以沉重的打击，而且解放了大量奴婢，使大批农民夺得了一部分土地。

刘秀败莽军主力于昆阳

更始元年（23年），绿林起义军已发展到十多万人，起义军攻南阳、占昆阳（今河南叶县）、下定陵（今河南舞阳），节节胜利。

王莽对此惊恐万分，他派大司马王寻、大司空王邑率领各州郡精兵四十二万，号称百万，向宛城进发，妄图一举歼灭起义军。五月到达颍川，与严尤、陈茂的军队会合，然后直逼昆阳，把昆阳城包围起来。城内起义军仅八九千人，力量单薄，但他们毫不畏缩。首领王凤、王常一面率众坚守阵地，一面派刘秀、宗佻、李轶等十三轻骑乘夜出城到定陵、郾城等搬请救兵。六月，刘秀等人集中万余起义军增援昆阳。援军在距莽军四五里的地方列成阵势，准备交战。刘秀仔细观察敌军阵势后，决定先发制人。他亲自率领步、骑一千人作为前锋，向敌军猛烈冲杀过去，击溃莽军调来迎战的一千余人。首战告捷，将士们大受鼓舞，准备乘胜前进。此时宛城已被义军攻破，但刘秀还没有得到消息。为了鼓舞士气，瓦解莽军，刘秀就制造了攻克宛城的捷报，射入城中，又故意将一些战报丢失，让莽军捡拾。攻克宛城的消息一经传开，城内起义军士气更加高涨，守城更加坚定，而莽军苦战一月，毫无进展，又听说宛城已经失守，士气更加低落。刘秀抓住战机，进行决战。他挑选三千勇士组成敢死队，迂回到城西，出其不意地渡过昆水，向莽军中坚发起猛烈攻击。王邑、王寻见起义军不多，亲率万余莽军迎战，并命令其余各军不许擅自行动。莽军接战不利，大军又不

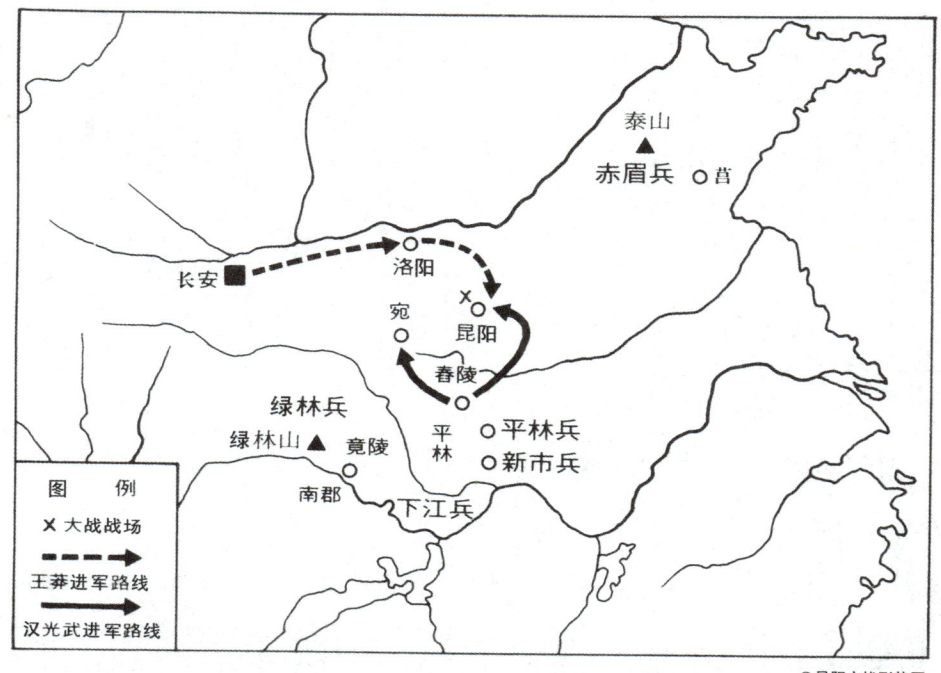

◎昆阳之战形势图

敢擅来相救；王邑、王寻军阵大乱，王寻被杀。守城义军也乘势杀出，内外合击，喊杀声震天动地。莽军全线崩溃，奔走践踏，伏尸百余里。这时又逢狂风暴雨大作，屋瓦皆飞，雨下如注，逃窜的莽军赴水溺死者又有万余人。起义军尽获其辎重，不可胜数。莽军四散逃走，只有王邑带领的长安兵几千人逃回洛阳。昆阳之战从根本上摧毁了王莽的主力，取得了西汉末年农民起义的决定性胜利。

王莽死·新朝覆灭

更始元年（23年）九月，绿林军攻入长安，王莽被杀，新莽王朝覆灭。

更始元年（23年）六月，昆阳大战使王莽军队的主力损失殆尽，王莽集团内部因此而呈现一片混乱和分裂状态。王莽的心腹王涉、刘歆和董忠等准备劫持王莽发动政变，事变。后绿林军直攻洛阳，至进入长安，王莽被商人杜吴所杀。

至此，建立15年的新朝覆灭。

东汉

大事纪
公元 25～公元 219 年

● 公元 25～79 年

- ● 公元 25 年　刘秀建立东汉，自号光武帝。
- ● 公元 33 年　光武帝得陇望蜀。
- ● 公元 44 年　马援抗击匈奴。
- ● 公元 64 年　班固受诏编撰《汉书》。
- ● 公元 67 年　汉明帝遣使到天竺取经求佛。
- ● 公元 78 年　窦皇后立，开始外戚专权。
- ● 公元 79 年　白虎观会议召开。

- 公元 105 年　邓太后称制。蔡伦造纸。

- 公元 125 年　宦官立顺帝。

- 公元 132 年　张衡制作地动仪。

- 公元 169 年　党锢之祸。

- 公元 184 年　张角发动黄巾起义。

- 公元 189 年　董卓进洛阳专制。

- 公元 190 年　关东联军讨伐董卓。

- 公元 199 年　孙策入主江东。

● 公元 105～199 年　　● 公元前 200～219 年

- 公元 200 年　曹袁官渡大战,曹操大胜。

- 公元 207 年　诸葛亮出山。

- 公元 208 年　孙刘曹赤壁之战,孙刘大败曹操。曹操杀名医华佗。

- 公元 214 年　刘备占据益州。诸葛亮严令治蜀。

- 公元 216 年　曹操治魏。

- 公元 219 年　关羽败走麦城。

刘秀称帝·定都洛阳

刘秀，字文叔，南阳蔡阳（今湖北枣阳西南）人。新莽地皇三年（22年），刘秀与其兄刘縯在舂陵起事，聚众七八千人。不久与平林、下江农民军合兵，想借农民起义力量恢复汉室。第二年，刘秀迫于形势拥立另一皇族刘玄为更始帝，自己任更始政权太常、偏将军。昆阳之战中，刘秀突围召集援兵大败新莽军队，立有大功。

◎东汉"宜子孙"金饰

◎东汉王冠形金饰

更始二年（24年），消灭据邯郸称帝的王郎，被封为萧王。同年秋天，击降并收编黄河以北地区的铜马、高湖、重连等部农民军，实力大大扩充，众至数十万，并基本据有河北之地。至此，刘秀开始脱离刘玄的更始政权，走上与之公开对立的道路。同年岁末，刘秀南下击破赤眉军一部及青犊、上江、铁胫等部农民军，并消灭更始政权驻守河北的谢躬军。又派邓禹西征，乘赤眉军和更始帝军激战之机，从中获利。

更始三年（25年）正月，刘秀留寇恂、冯异等据守河内与更始政权留守洛阳的朱鲔相持，自己统率大军北征，击溃尤来、大枪、五幡等部农民军。四月，回军南下，大败新市、平林两军于温县，击溃赤眉、青犊两军于河南，基本解除了对河北的严重威胁。此时，刘秀手下的将领开始商议为刘秀上尊号，并使人造《赤伏符》以传"天命"，刘秀装模作样"三推"之后，便"恭承天命"，即皇帝位于鄗，改鄗为高邑，自号为光武帝，建元建武。七月，派兵围攻洛阳，十月招降洛阳守将朱鲔，于是定都洛阳，正式建立了东汉王朝。

刘秀击破赤眉军

建武二年（26年）十一月至次年正月，刘秀派将军冯异进入关中地区讨伐赤眉军，赤眉军伤亡惨重，大势尽失。建立东汉王朝后首要的任务就是消灭农民起义军，而当时赤眉军力量最大，刘秀派大军包围赤眉军的根据地长安，逼走赤眉军，同时派大将邓禹追击，却被赤眉军打败。

◎东汉铜出行车马仪仗

建武三年（27年），刘秀派冯异为征西大将军，再次率领大军向赤眉军进攻。冯异出发后不久，便与邓禹以及车骑将军邓弘相遇。邓禹等要求冯异立即攻击赤眉军，但冯异不同意，劝邓禹对赤眉军一是要以恩信相诱，二是分东西两面夹击。邓禹不听，令邓弘率军与赤眉军大战，结果邓弘大败。冯异与邓禹合军救邓弘，赤眉军才稍退。冯异认为士卒饥乏，应暂时休兵。邓禹不听，再战，又败，死伤三千余人。邓禹逃往宜阳，冯异弃马与部下数人逃回营，坚壁自守。后冯异又招集诸营保兵数万人，与赤眉军约期再战。冯异让一些士兵先换上赤眉军的服装，埋伏起来。早晨，赤眉军一万人攻击冯异军的前部，冯异仅以少量兵力抵抗，赤眉军以为冯异军势弱，于是全军出击。冯异见状纵兵大战。到了黄昏，赤眉军难分敌我，阵脚大乱。于是冯异军进攻，大破赤眉军于崤底（今河南渑池县西南），赤眉军男女八万人投降。赤眉军残部逃至宜阳（今河南宜阳西），刘秀亲率大军严阵以待，赤眉军无力抵抗，派刘恭乞降，刘秀允准，于是赤眉军所立之帝刘盆子及丞相徐宣以下三十余人俱投降，余部从之。至此，赤眉军势力基本被剿灭。

赤眉起义虽告失败，同时也不可避免地成为了封建统治者改朝换代的工具，但它与绿林起义一同推翻了王莽的黑暗统治，缓解了当时的土地、奴婢问题，推动了东汉初社会经济的发展。

群雄割据称帝

在赤眉、铜马、新市、平林等农民大起义如火如荼之际，西汉的贵族、官僚、土豪、流氓，乘机拉起"反莽兴汉"的旗帜，割据郡县，设置将帅，

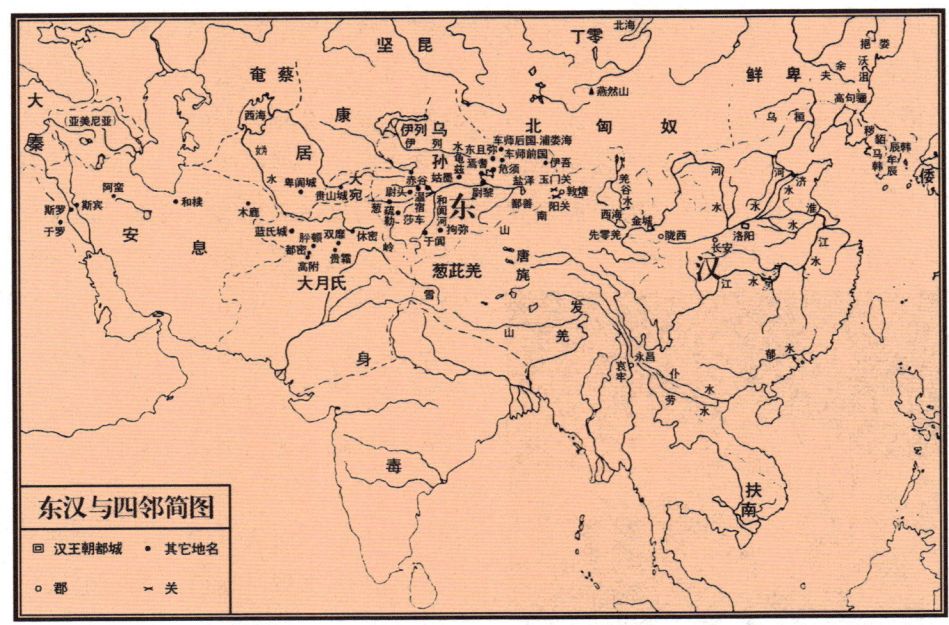

东汉与四邻简图

改元建号,称帝称王,企图在农民"大叛乱"的火焰中投机冒险,夺取政权。

当此之时,刘玄加入平林军,后为更始帝;刘秀起于舂陵,刘秀后为光武帝;王郎称帝邯郸;刘永自称天子于睢阳(今河南商丘县南);公孙述称王巴蜀;李宪自立于淮南;秦丰割据南郡,张步霸于青州;还有董宪起于东海,延岑起于汉中,田戎起于夷陵(今湖北宜昌市东南),隗嚣起于陇西(今甘肃临洮南),卢芳起于朔方,窦融起于河西,彭宠起于渔阳。这些野心家,都利用"叛乱"的农民,去剿灭农民的"叛乱",借此扩大自己的势力,巩固自己的割据。同时,又彼此合纵、连横,或相互侵略兼并,企图削弱他人,加强自己。一时群雄角逐,天下大乱。

◎东汉铜独角兽

光武帝营建都城洛阳

更始三年（25年），刘秀攻克洛阳，在鄗称帝，定都雒阳（三国时魏改为洛阳，在今河南洛阳市以东约15公里处），是为汉光武帝，建元建武。

洛阳北依邙山，南临洛水，地势北高南低，交通便利，是脏腑之地，便于统控全国，治理东西南北各方。建武二年（26年），光武帝始营建都城。为笼络人心，下令在洛阳筑起高庙建立社稷，在城南设置郊兆，以正火德，使民众信从。

杜诗发明水排兴利南阳

东汉光武帝刘秀在位期间，注意"选用良吏"。建武七年（31年），杜诗出任南阳太守，提倡节俭，兴利除害，为政清平。

当时，驻守南阳的将军萧广放纵士兵，士兵在民间横行霸道，当地百姓深受其害。杜诗多次警告而无效，于是，他采取断然措施，杀掉萧广，这件事深得刘秀的赏识。

◎汉光武帝像

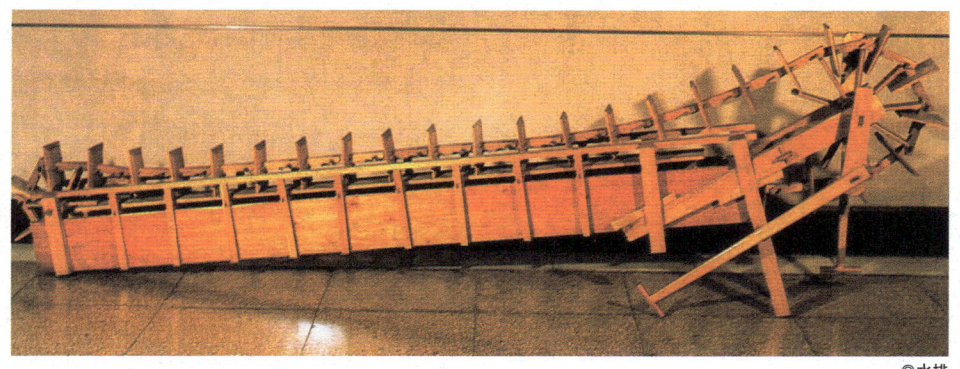

◎水排

东汉

杜诗在做南阳太守期间，注意节省民力。为了提高冶金技术，他发明了水排（一种水力鼓风机）。水排应用水力激动机械轮轴打动鼓风囊，使皮囊不断伸缩，给冶金高炉加氧。这种装置，用力少，见功多，是我国冶金史上的一大改革。三国时期的韩暨曾加以改进推广，效率三倍于前。

杜诗发明水排，一改中国冶炼鼓风装置靠人力和畜力为动力的历史，不仅大大提高了劳动效率，而且比欧洲早了1100年，在中国古代冶炼工艺发展史上具有里程碑的意义。

水碓约发明于西汉。桓谭在《桓子新论》中叙述了粮食加工机械由杵臼到践碓，到畜力碓、水碓的整个发展过程。杵臼靠人臂力做功；践碓利用杠杆原理，借助碓的部分重力做功；畜力碓、水碓则解放出人来通过轮轴的转动连续地做功，无疑是一大进步，特别是水力来自自然资源，运用更是便利。水碓发明后，在雍州等地得到了广泛的使用，达到"因渠以溉，水春河漕（水春即水碓），用功省少而军粮饶足"的效果。

◎陶践碓和风车

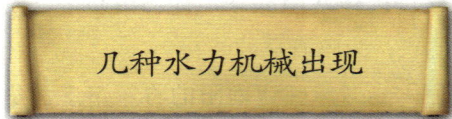

几种水力机械出现

汉代水力已被用于粮食加工、冶铸鼓风、天文观测等部门，出现了水碓、水排、浑天仪等水力机械。它们利用水力提供的动力方便了人们的生活、生产和科研活动，并对后世机械技术的发展产生了深远的影响。

东汉初年，南阳太守杜诗发明的水排，是用水力推动的排橐，是串联或并联在一起的一排鼓风用皮囊，是新型的水力鼓风冶铸用的机械。

浑天仪是东汉科学家张衡创制的天文仪器，用一套水力推动的齿轮传动机械把它和漏壶结合起来，是我国古代水力推动天文仪器的最早记载，表明汉代对于水力资源的认识和开发已上了个新台阶。

◎水排模型

汉光武帝改置军营

东汉王朝开国皇帝光武帝刘秀（25年～57年在位）为控制地方豪强地主，完善中央集权，对国家的军事体制进行了改革，设置京师军营，削弱地方军队，集军权于中央。京师诸军成为国家对外征战和镇压内乱的唯一军事力量。

◎东汉铜马

家军队指挥权完全集中在中央和皇帝手上，减少州郡豪强掌握本地军队的机会，京师军营的责任日趋重大。

◎东汉铜马

东汉王朝是建立在世俗豪族基础上的政权，刘秀本身即南阳大地主。他亲历农民战争，深悉地方势力与中央对抗的后果。针对兵长、渠帅的嚣张活动，建武十五年（39年），光武帝采取措施削平地方豪族势力，剥夺他们手中的兵力。废除地方兵后，国

由于地方军队因取消征兵制而被削弱，国家遇到战争时，只能依靠京师诸军出征作战。这样做的结果，又使京师警备力量遭到削弱。为补救危机，光武帝曾采取应急措施，设置常屯军，合幽、冀、并三州的兵骑千余人，组成黎阳营，屯于黎阳（今河南浚县），在黄河北岸构成洛阳的屏障。除黎阳营外，因镇压人民反抗的需要，内郡地方兵并未全废，有时仍常征发郡兵，由太守或刺史率领作战，内郡的都尉之职也旋废旋置。但是由于内郡地方兵缺乏系统经常的训练，战斗力远不如西汉的正卒、卫士、戍卒，同时刺史、

太守领兵，必然导致其权势的膨胀，给东汉后来州牧、刺史割据埋下了种子。这些与光武帝加强专制集权的愿望背道而驰。

谶纬流行

西汉末年，朝廷正式承认谶纬，使谶纬成为官方的统治思想。东汉时期，谶纬大为流行。

"谶"是方士把一些自然界的偶然现象作为天命的征兆而编造出来的隐语或者预言；"纬"是相对于"经"来说的，是方士们假托孔子之名用诡秘的语言附会解释经义的著作。

◎东汉式盘

最早的谶书是《河图》、《洛书》。纬书的内容萌芽于伏生的《尚书大传》和董仲舒的《春秋阴阳》，托名于经书的纬书则是汉武帝以后才出现。当时《易》、《礼》、《诗》、《书》、《乐》、《春秋》六经和《孝经》都有纬书，称《七经纬》，其中以《易纬》影响为最大。《七经纬》与《河图》、《洛书》、《论语谶》合称为"谶纬"。

王莽、汉光武帝都曾利用图谶称帝。他们取得政权后，发布诏书，颁布命令，施行政策，举用人才也引用谶纬。汉光武帝中元年（56年）又正式"宣布图谶于天下"，定为功令的必读书。儒生为了功名利禄，都学习谶纬，将《七经纬》称为"内学"，原来的经书反被称作"外学"，足见谶纬的地位之高。后来，汉章帝又召集博士和儒生在白虎观讨论五经同异，由班固写成《白虎道德论》，将谶纬与今文经学糅合在一起，使经学进一步谶纬化。

谶纬书总的思想属于阴阳五行体系，其中虽包含一部分有积极意义的天文、地理、历法知识和古史传说，但绝大部分荒诞不经，牵强附会，所以尽管谶纬之学流行，当时一些有见识的学者，如张衡、桓谭、王充就坚决反对，对其无稽荒谬予以批判揭露。

光武得陇望蜀

东汉初年，割据蜀地的公孙述趁光武帝忙于东方战事、无暇西顾之机，于建武元年（25年）自立为天子。霸于陇西（今甘肃）的隗嚣则首鼠两端，对光武帝令其讨伐公孙述的命令拒不执行。

因此，建武八年（32年），光武帝刘秀亲征隗嚣。大军压境，隗嚣及其部众逃的逃，降的降。隗嚣派人入蜀向公孙述求救。恰值此时，颍川（今河南禹县）、河东（今山西夏县西北）等郡大乱。颍川盗贼蜂起，河东守兵叛乱，洛阳因此而骚动。八月，刘秀星夜东驰，回归洛阳；并写信给岑彭等人说："西城、上邽两城如能攻下，便可将兵南击蜀虏公孙述。人苦不知足，既平陇，复望蜀。每一发兵，头须为白。"九月，刘秀南征颍川，汉军所到之处，乱军纷纷投降。刘秀又派李通、王常讨伐东郡。颍川、东郡恢复平静。

建武九年（33年）春，隗嚣病死，其部众立其少子隗纯为王。这年秋季，刘秀派五将军讨伐陇右，次年冬，击败隗纯，陇右基本平定。得陇望蜀，刘秀乘势大举发兵征讨公孙述。建武十二年（36年），汉军进兵成都击败公孙述。至此，陇、蜀皆统一于东汉政权之下，为蜀地的经济发展创造了条件。

马援破先零羌、参狼羌·马援平定岭南

东汉前期散布于西北部的羌人时常发动叛乱。建武十一年（35年）夏，光武帝刘秀任命马援为陇西太守，马援派骑兵3000人，在临洮（今甘肃岷县）击败先零羌，斩首级数百，获马牛羊过万，守塞诸羌8000余人降汉。当时，先零羌诸种尚有数万人，马援和扬武将军马成深入讨击，大破诸羌，斩首1000多人。汉将投降的羌人迁至天水、陇西一带定居。

建武十三年（37年），武都参狼羌与塞外诸羌联合作乱。马援率军讨伐，在氐道（今甘肃天水市西）与诸羌相遇。羌人因缺水少粮不得不逃出塞外，10000余人投降东汉，从此，陇西清平。马援击败先零羌、参狼羌，维护了陇西地区的安宁，促进了当地的经济发展和民族融合。

◎东汉乘舆斛量器

◎东汉骑马铜人

东汉时，在今越南北部设交趾、九真、日南三郡。大多数岭南"蛮人"部落都愿接受东汉政府的领导，但也有个别蛮人首领不愿遵从汉法而起兵反叛，交趾女子征侧、征贰即为代表。征侧为雒越将军之女，因不满东汉政府的交趾太守苏定在当地贯彻法令，遂与其妹征贰发动叛乱，征侧自立为王，交趾、九真、日南、合浦等地皆有响应，掠掳达60余城。汉光武帝刘秀派伏波将军马援、扶乐侯刘隆率军前往镇压。

建武十八年（42年）春，汉军与叛军战于浪泊之上，汉军大胜。次年正月，征侧、征贰被汉军斩首。接着，马援又率楼船两千余艘、战士20000余人，继续清剿征侧余党，岭南平定。

东汉政府在镇压二征叛乱之后，在当地进行一系列经济、文化方面的建设与改革，如修治城郭，穿渠灌田，发展农业生产，纠正了越律与汉律相悖的条款，受到百姓的欢迎，对当地经济、文化的发展起到了积极作用。

总结先秦数学的《九章算术》

《九章算术》是我国古代数学的经典著作，它上承先秦数学发展的源流，又经过汉代许多学者的删改增补，是先秦数学成就集大成的总结，它的出现，标志着中国古代数学体系的形成。

《九章算术》不是成于一时一人之手，而是经历了漫长的过程，由多人逐步删改、修补而在东汉初年（50年）最后形成定本的。《九章算术》内容异常丰富，题材很广泛。它共九章，主要内容依次为"方田"，用于田亩面积的计算；"粟米"是谷物粮食的按比例折算；"衰分"是比例分配问题；"少广"用于已知面积、体积而反求一边长和经长等；"商功"用于土石工程，体积计算；"均输"是赋税合理摊派问题；"盈不足"乃双设法问题；"方程"是一次方程组问题；"勾股"为利用勾股定理求解的各种问题，其中的大部分内容与当时的社会生活密切相关。成就最突出地表现在分数运算、比例问题和"盈不足"算法方面，是世界上最早系统叙述分数运算的著作。

在我国先秦的典籍中，记录了不少数学知识，却没有《九章算术》那样的系统论叙，尤其是其由易到难，由浅入深，从简单到复杂的编排体例，从而形成了中国传统数学的理论体系。因而后世的数学家大都从此开始学习和研究，唐宋时是国家明令规定的教科书，北宋时由政府刊刻，

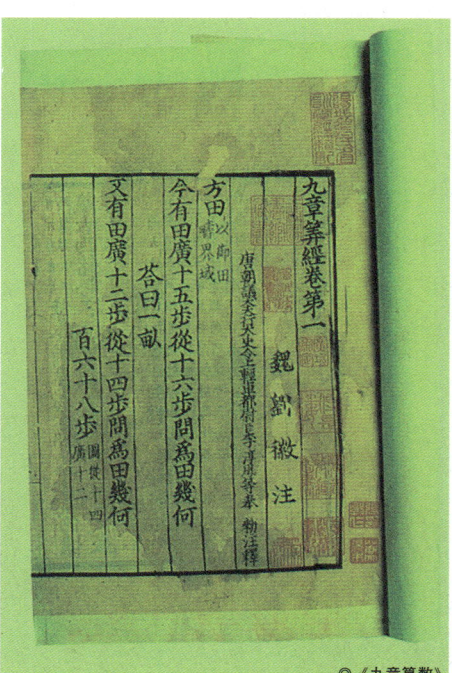

◎《九章算数》

又是世界上最早的印刷本数学书。隋唐时就已传入朝鲜、日本，现已被译成日、俄、德、法等多种文字。作为中国古代数学的系统总结，《九章算术》对中国传统数学的发展产生了极其深远的影响，在世界数学史上具有十分重要的地位。

桓谭反图谶

东汉是谶纬之学最猖獗的时代。"谶"是"诡为隐语，预决吉凶"的宗教预言，"纬"是用宗教迷信的观点，对封建经典（诗、书、易、礼、春秋等）进行解释，有文字有图画的就叫"图谶"。当谶纬之学盛行于天下时，在思想界也出现一些批判谶纬的学者，早期的桓谭就是其中的一个。

桓谭（约前23年～50年），沛国相（今安徽宿县）人，著有《新论》，集中代表了他反谶纬思想。他认为：谶纬均是奇怪虚诞之事，是方士们把一些自然界的偶然现象作为天命的征兆编造出来的隐语或预言。精神不能脱离形体而存在，犹如烛光不能脱离蜡烛而存在一样。建武中元元年（56年），皇帝召集群臣商议灵台（观象台）应建何处，刘秀又称当依据图谶而定，桓谭竭力反对，皇帝大怒，想杀掉他，但最后只将他贬为六安郡丞，途中病故。桓谭反图谶的无神论观点具有朴素的唯物论成分，在古代哲学史上具有很大意义。

奠定《汉书》编撰基础的班彪

班彪，字叔皮，扶风安陵（今陕西咸阳东北）人。西汉末年，天下大乱，班彪在天水依附隗嚣；后至河西跟随窦融，为窦融策划效命汉朝。东汉初年，班彪被察举为司隶茂才，官授徐令，因病免职，居家潜心于史学之中。因为《史记》所记史实，止于汉武帝太初年间，后世刘向、刘歆、扬雄、卫衡等都曾编写过《史记》续篇。班彪才高而好述作，认为诸续篇皆不尽人意，于是采辑前史遗事，旁贯异闻，作成《史记后传》六十余篇，为其子女班固、班昭编撰《汉书》奠定了基础。建武三十年（54年），东汉著名史学家、文学家班彪去世。

汉明帝行明堂·汉明帝命人画云台28将

永平二年（59年），汉明帝刘庄即位后不久，带公卿列侯在明堂祭祀光武帝。自皇帝及诸大臣衣冠整齐，佩玉以示庄重。公卿都穿五色彩服，乌桓等使者也帮助祭祀，匈奴单于侍子、骨都侯也都陪同前往。汉明帝行明堂反映了当时东汉政权的强大。

◎汉明帝刘庄像

永平三年（60年），汉明帝刘庄思念中兴功臣，乃命人图画28将于南宫云台阁。以邓禹为首，其次为马成、吴汉、王梁、贾复、陈俊、耿弇、杜茂、寇恂、傅俊、岑彭、坚镡、冯异、王霸、朱佑、任光、祭遵、李忠、景丹、万脩、盖延、邳彤、铫期、刘植、耿纯、臧宫、马武、刘隆28人。后又加上王常、李通、窦融、卓茂，合成32人。

马援自建武四年（28年）跟随刘秀东征西讨，在东汉初的功臣中是军功较为显赫的一员大将，但未入图画。因其女为明帝马皇后，故明帝时刻注意限制外戚的名声地位。

小辞典 人物

◎王充像

批判虚妄之说的王充

东汉永平二年（59年），王充开始作《论衡》，30年后完成。《论衡》存目85篇，实存84篇，佚失《招致》1篇，《论衡》是对汉代及汉代以前一切学说、思潮加以衡量，评论是非，铨定轻重，批判虚妄之说的唯物主义无神论的重要著作。

王充（27年～约97年），字仲任，会稽上虞（今浙江上虞）人。少年时游洛阳太学，师从著名学者班彪，博闻强记，通百家之言。官至县功曹、郡王官功曹、州从事转治中等。因为政治主张与上司不合而受贬黜，遂罢官还家，专心著述。晚年，汉章帝下诏公车征召，王充不就。和帝永元中，病逝于家中。

王充的《论衡》，在反对"天人感应"的神学目的论中，继承了我国古代唯物主义的传统，把我国古代唯物主义的发展推到了一个新的高度。他的元气自然论，对当时占主导地位的经学神学以沉重打击，在当时的意识形态斗争中有极大的现实意义。因为王充反谶纬神学的思想一直受封建儒家正统思想排斥，被视为"异端"，《论衡》也长期被视作"异书"而被埋没，直到东汉末年才逐渐流传开来。

汉明帝遣使求佛·《四十二章经》译成

佛教产生于公元前6世纪的古印度，到公元前3世纪由于阿育王（Ashoka）国王皈依了佛教，从而几乎使全国人都成了佛教徒。西汉时，西域的某些城邦小国已经信奉佛教。东汉初年，佛教在统治阶级中间开始流传。

永平七年（64年），汉明帝刘庄夜梦金人，头顶上有白光，飞行殿庭。刘庄为此询问群臣，有人对他说：西方有神仙，名字叫佛，陛下所梦的，恐怕就是佛吧？汉明帝因此派遣郎中蔡愔等人出使天竺（今印度），以求佛得道。蔡愔等人用三年时间，到达大月氏并返回洛阳，请来摄摩腾、竺法兰二僧，并携回很多佛经、佛像。

《四十二章经》又名《孝明皇帝四十二章》，相传为中国第一部汉译佛经，汉晋间此经已为佛教界所熟知。中国现存最早的佛教经录《出三藏记集》中，《四十二章经》已见著录，并在其补充说明中提及明帝遣使者赴西域求法，"于月支国遇沙门竺摩腾译写此经还洛阳"。梁慧皎《高僧传》卷一《竺法兰传》称，竺法兰与摄摩腾俱至洛阳，"译《十地断结》、《佛本生》、《法海藏》、《僧本行》、《四十二章》五部。移都寇乱，四部失本，不传江左，唯《四十二章经》今见在，可二千余言。汉地见存诸经，唯此为始也"。因此，《四十二章经》遂被认为东汉时已出现，属汉地译经。

◎清任熊绘佛陀出行图

逸闻趣事

中国第一座佛寺：白马寺建成

佛教在西汉末期，已从西域传入中国。东汉明帝梦见佛后，在永平七年（64年），汉明帝派遣郎中蔡愔和博士秦景前往天竺求佛经。他们跨越千山万水，历尽艰辛，到达天竺。永平十年（67年），他们与天竺的两位沙门（高级僧人）摄摩腾、竺法兰带着佛像和佛经回到了洛阳。

汉明帝接见了天竺僧人，并把他们安置在东门外的鸿胪寺。第二年，又命人在雍门外另建住所，仿照印度祇园精舍构造，中有塔，殿内有壁画。摄摩腾和竺法兰就在这里翻译佛经，传授佛教礼仪。他们所译的《四十二章经》还是中国现存的第一部汉译佛典。由于驮佛经回来的那匹白马也供养在其中，这处住所就被命名为"白马寺"。"寺"原是官署的名称，比如鸿胪寺，就是招待外国人的宾馆，白马寺的建造是为了接待天竺客人，因此也称为寺。

白马寺是佛教传入中国后建立的第一所寺院，东汉时，绝大部分佛经在洛阳翻译，白马寺是最重要的译馆。自白马寺建成后，宫中对佛教供奉的规模日益扩大，佛教逐渐在上层人士中传播，各地也开始出现少量寺院，供来华胡僧与外域商人进行宗教活动之用。随着佛教的流行和影响扩展，寺院被大量建造，成为佛教僧侣日常居住及进行宗教活动的专门场所。"寺"也逐渐变成佛教庙宇的专称。

◎白马寺佛像

汉明帝立学南宫

永平九年（66年），汉明帝刘庄为"四姓小侯"设立学校于南宫。

明帝刘庄崇尚儒学，自皇太子、诸王侯及大臣子弟、功臣子孙，无不学习经书。为了妥善引导和约束外戚势力，他特为外戚樊氏（光武帝刘秀母家）、郭氏、阴氏（都是光武帝刘秀皇后家）、马氏（明帝皇后家）等"四姓小侯"在洛阳南宫设学校，安排五经师，搜选高贤鸿儒，教授儒家经籍。并命令期门、羽林等宫廷警卫武士也跟着学习《孝经》章句，甚至匈奴亦送子弟入南宫学习。

◎唐吴道子所作《先师孔子行教像》碑

兼通今古文经的贾逵

东汉的经今古文之争，使古代经学发展很快，在解释经义、训诂文字方面都取得很大成绩。明帝永平十七年（74年），贾逵作《春秋左传解诂》及《国语解诂》51篇。

贾逵，字景伯，扶风平陵（今陕西咸阳西北）人，父亲名徽，曾师从刘歆学《左氏春秋》及《国语》，又学《古文尚书》及《毛诗》。贾逵继承父业，兼通今古文经。章帝时，奉诏撰《春秋左氏长经》、《周官解诂》、《齐鲁韩毛四家诗异同》等。拜贾逵为师的人很多，时称"通儒"。《春秋左传解诂》是第一家《左传》注释书，在学术文化史上占有重要地位。

白虎观会议

文化小辞典

白虎观会议是东汉时期讲论五经异同的一次重要会议,它将经学统一和融合的步伐大大向前推进了一步。

◎《白虎通义》书影

东汉时,今文经学内部纷争严重。建武中元元年(56年),光武帝刘秀发出诏书,认为五经章句繁多,希望减省,经过多年酝酿,章帝刘炟于建初四年(79年)命令太常、将、大夫、博士、议郎、郎官及诸生诸儒在白虎观聚会,讨论五经异同。会议讨论的问题,主要是关于封建社会及国家礼仪制度基本名词的解释和规定,也涉及哲学问题。古文经学家贾逵从《左传》中所概括的"君臣之正义","父子之纪纲"成为贯穿会议内容的指导思想,成了白虎观会议统一、融合各派经学思想的前提和基础,这种思想实际上继承和发展了今文经学大师董仲舒的封建伦常的核心思想。

会议结束前,由章帝亲临裁决,并责成杨终、班固等将会议内容整理成《白虎通德论》(又称《白虎通义》即《白虎通》)。

会上讨论的专题共43个,几乎包括了封建社会从思想到制度的上层建筑的基本内容,从今文经学家的角度对封建宗教等级制度作了阐释和规定。这些对封建政治制度和道德规范术语作出的符合自己意志和目的的解释,在当时的社会生活中具有很大的权威性,适应了东汉王朝加强封建宗法统治的需要,对后世产生了深远的影响。

班固受诏编成《汉书》

永平七年(64年),班固奉汉明帝诏令撰写汉代国史。

东汉光武帝建武年间,班固的父亲班彪依据他良好的主客观条件,续《史记》数十篇,并撰写了阐发其史学观的《王命论》和《略论》,成了后来班固撰写《汉书》的指导思想。

由于窦宪事件的牵连,班固于永元四年(92年)死于狱中,《汉书》尚有八表和《天文志》没有完成,其妹班昭和同乡马续受和帝之命,继续这书的创作,终于于汉和帝永元年间完成了这部中国史学的第一部断代史巨著。

《汉书》纪事起于高祖元年(前206年),讫于王莽地皇四年(23年),历12世,230年,是西汉一代的断代史，也是我国第一部纪传体断代史，包括十二纪，八表，十志，七十列传，共100篇；内容恢宏，结构严谨。

由于是奉命编修的官方史书，更因其时代精神和家学传承关系，《汉书》中表现了班固以皇朝意识和正统思想为核心的鲜明历史观。《汉书》是研究西汉历史的重要史籍。由于班固曾任兰台令史，负责掌管皇家图籍，典校秘书，因此有条件看到大量的资料；又因编撰本书有《史记》及《后传》的基本依据，因而，就保存西汉历史资料而言，现存的史籍以《汉书》最为完备。

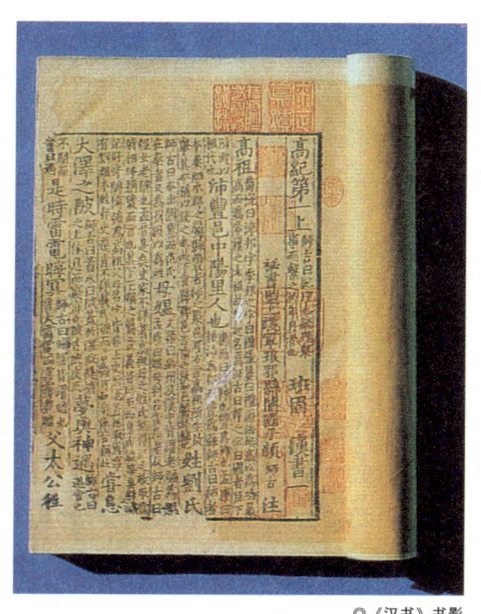
◎《汉书》书影

◎班固像

百炼钢出现

汉章帝时（76年～88年）有"五十湅"钢剑，经考察，此剑是以炒钢为原料，经反复加热锻制而成。真正有"百炼"出现，始自建安年间（196年～220年）发出的《内诫令》，称"百炼利器"。曹植《宝刀赋》中赞这种"利器"能"陆折犀革，水断龙舟"。同时期的蜀汉蒲元铸刀五千，砍竹筒"如断刍草，应手虚落"；孙权有宝刀即名"百炼"。可见东汉末年，百炼钢工艺已产生，并发挥了它在军事领域中的神威。

窦氏立后·外戚势力兴起

建初三年（78年）三月，汉章帝刘炟立贵人窦氏为皇后。

窦皇后是东汉初年著名大将窦融的曾孙女，其母则是东海恭王的女儿沘阳公主。窦氏入宫以后，因才貌双全，而且风度举止高雅，很快赢得章帝的欢心。窦皇后一生无子，而宋贵人生皇子庆，梁贵人生皇子肇。窦皇后就收肇为己子。建初七年（82年），窦皇后与其母陷害宋贵人，诬宋氏行厌胜之术，迫使宋贵人自杀。建初八年（83年），又设计陷害梁贵人的父亲，致使梁贵人郁郁而死。

公元88年章帝死，窦皇后立年仅10岁的太子刘肇为帝，即和帝。和帝年幼，朝政大权完全掌握在窦太后手中。后来，朝政大权又转移到以窦宪为首的窦氏外戚集团手中，这是外戚势力第一次左右东汉政权。但自永元四年（92年），14岁的和帝就决心铲除窦氏，后依靠宦官郑众等人，终于诛杀窦宪。在永元九年（97年）八月窦太后死去，19岁的和帝开始摆脱窦氏控制。和帝在铲除窦氏势力时，依靠宦官，擢升梁氏外戚集团，从而开东汉后期宦官、外戚迭相专权的混乱局面之先河。

《神农本草经》最早总结中药

《神农本草经》是现存最早的药物学专著，为我国早期临床用药经验的第一次系统总结，历代被誉为中药学经典著作。

◎车马出行图（摹本）

◎清嘉庆林钟绘《古代医家画像》指神农氏尝药辨性

在我国古代，大部分药物是植物药，所以"本草"成了它们的代名词，这部书也以"本草经"命名。汉代托古之风盛行，人们尊古薄今，为了提高该书的地位，增强人们的信任感，它借用神农遍尝百草，发现药物这妇孺皆知的传说，将神农冠于书名之首，定名为《神农本草经》。俨然《内经》冠以黄帝一样，都是出于托名古代圣贤的意图。

《神农本草经》的作者及成书时代尚无实证加以确定，但它成书于东汉，并非出自一时一人之手，而是秦汉时期众多医学家总结、搜集、整理当时药物学经验成果的专著，此已经是医学史界比较公认的结论。其作为我国第一部药物学专著，影响是极为深远的。

今古文经学之争白热化

用汉朝所通行文字"隶书"书写的儒家经书称为"今文经"，关于研究、训释今文经的学问则被称为"今文经学"。秦朝后儒家经书大都散失，经过汉武帝"建藏书之策，置写书之官"以及汉成帝的求天下遗书，并由刘向等人典校群书，书才慢慢增加。而用先秦古文字书写的儒家经书则称为"古文经"，关于研究、训释古文经的学问就称为"古文经学"。秦朝后儒家经书不存，但汉时陆续从民间屋壁山崖发现了一些被埋藏的儒家经书，这些古文经传在西汉初期就已经在民间私相传授。今古文经学因其来源不同而形成不同派别。

西汉时期，《易》、《诗》、《礼》、《书》、《春秋》五部儒家经典称为"五经"，汉武帝设置五经博士教授弟子，称做"官学"，同时立太学，博士所教授的经书全是今文经，由此可见今文经学在这一时期的优势地位。主要代表人物董仲舒传授《春秋公羊传》，依据该书，阐发"奉天法古"和"天人感应"，这种神秘主义思想是今文经学重要特点。至东汉末年何休继续申发公羊春秋的微言大义，成为汉代今文经的最后代表。

汉景帝时，由于从孔子旧宅壁中发现了古文经传，以及陆续发现的各地民间所藏古文经传的增多，古文经学开始形成流派在民间传习。西汉末年，刘歆发现古文《春秋左氏传》、《毛诗》、《古文尚书》和《逸礼》，建议为此立学官，并上书责备太常博士，遭到今文经博士反对，这是首次今古文经学重要论争。

王莽当政时古文经被立为博士，但其官学地位随着王莽的失败而衰落。东汉初年古文经学兴起，建初四年（79年）汉章帝下诏解决统一经义的问题。

◎汉鎏金银蟠龙纹壶

◎汉鎏金嵌琉璃乳钉纹守业容酒器

在白虎观会议上古文经学观点有些影响,但最终结果是统一了今文经学经义,并未终止今古文经学之争。

东汉光武帝再次确立今文经学的统治地位,并立今文经十四博士,引起古文经学派反对,上书要求为《左氏春秋》、《费氏易》设置博士,今文经学派博士范升反对,与其争论。反反复复互相上书辩论。汉章帝时,今古文经学再次争论。东汉时今古文经学争论达到白热化。

其实今古文争论的中心问题是谁是正统经学和怎样统一经学。今文经师为经书作章句,传述大义,而古文经师是为经书作训诂,解释名物、制度、文字。两者之间的纷争矛盾,不仅仅有学术方面的义理和训诂的分歧,更有实质上的政治地位和学术地位的争夺,究其本质,实际上是地主阶级内部不同集团之间的争权夺利。

至东汉末年,有些学者打破家法和师承,如郑玄,网罗多家,囊括种种大典,在古文经学基础上也采纳今文经学,消融今古文经学界限,从这以后,郑玄的学说流行而今文经学渐渐式微。

郑玄集今古文经学大成

今文经、古文经与谶纬合流,为东汉经学的显著特点。东汉末年,郑玄囊括大典,综合百家,遍注群经,打破今古文界限,完成经学的融合与统一。

郑玄（127年～200年），字康成，北海高密（今山东高密）人。精通天文历算，因博通今、古文经学而闻名。曾师从东汉著名经学家马融学习古文经，后来游学十多年，还乡时，跟随他的学徒已达数百人，因党锢之祸而遭囚禁后，隐居潜修经学，闭门不出。

郑玄所注经书很多，包括《周易》、《毛诗》、《仪礼》、《周礼》、《礼记》、《论语》、《孝经》，及《尚书大传》、《周易乾凿度》、《乾象历》等，完整保存到现在的有《三礼注》和《毛诗笺》，其它多亡佚。郑玄注经，都博采今古经文，融会贯通，扫除了烦琐的气氛和阴阳五行的迷雾，从总体上把握经书的源流，辨析学术，考溯源流，花费了大量精力整理篇帙，条贯篇目，确定编排。同时，他开创了传注的许多体例，这些体例的开创，成为后世图书校雠、注释的典范。郑玄所注经书，代表了汉代学术的最高成就，被称为"郑学"，对后世经学产生了极其深远的影响。

郑玄的成就在统一了今古文之争，对后世经学的发展有重要意义。"郑学"注解经学，采取客观态度，兼取各家之长，不偏执己见，注意事实，以理服人。这种治学精神和方法对后学影响很大。

长袍短服，相得益彰

秦汉时期的服饰，质地精良，式样繁多，花案多彩，其中重要一类即"常服"，就是一般人日常所穿的服装，它可以分为长袍与短衣两大类，长袍与短衣互相补充，相得益彰。

袍服起源于战国时期的深衣，可分为禅衣、襜褕、複袍三种。禅衣，东汉时称之为"单衣"，是单层的薄长袍。其质料，有布帛、薄丝绸，其制，是将衣襟拉长，向后拥掩，有合身省料的特点。襜褕是一种较禅衣宽博的长袍，它是直裾的，使腰部显得宽松自如。襜褕原是男女通用的日常便服，到两汉之际渐转为女子的常服。

◎武威仪礼汉简

东汉

它用厚丝绸或毛织物制成，可夹皮毛装饰，春秋两季多用来御寒保暖。複袍是一种夹服，其里多用白缚，也有的内填棉絮。複袍又分为纩袍和缊袍，前者多为统治阶级上层人物所穿用，后者则一般为贫民或隐士所穿用。短衣类服装分内衣和外衣两种。内衣的代表是衫和薄，即单内衣。与当时流行服制不同，衫的袖端不加缘边而且不宜厚，又称单襦。薄，则是夹内衣。外短衣的代表是襦和袭。襦是一种及于膝上的绵夹衣，只能作短外衣用。袭，也称褶，是没有著棉絮的短上衣。它和襦的主要区别就在于没有著棉絮。袭是受北方游牧民族短服影响的一种边塞常服。

许慎编著《说文解字》

在汉武帝以后，经过古、今文经学家的百年之久的长期纷争，思想和学术取得了长足的进步，对语言文字的学术思想进行总结的条件基本成熟，具有划时代意义的字典《说文解字》应运而生了。这是中国第一部由个人独立编纂完成的字书，是一部集大成的杰作。

《说文解字》成书于东汉和帝永元十二年（100年），全书正文14卷，后序1卷，共15卷，收字9353个，另有重文1163个，此书完全改变了周秦时代训诂词典的方法，开创了系统全面解释字的形、音、义的新体例，构成了严整的字典编纂格局。

◎许慎像

《说文解字》在总结了前人文字研究的所有成果以后，在语言文字观念上有了重大突破。许慎是中国历史上第一位从理论上阐释文字的社会功用的人。许慎编纂的我国第一部系统分析字形、解说字义、辨证声读字典——《说文解字》，开创了我国文字学和字典学的独立研究阶段。

《说文解字》释义，采用因形说义和选取书传中的古训等多种方式，虽为字书，实际上也是一部极其重要的训诂书，后代字书都援引它的训释，编排体例也被许多字典所继承，因而，它在中国字典学史上的开创之功是不可磨灭的。

小文化辞典

学童识字课本《三仓》

《三仓》是汉代流行的3种学童识字书《仓颉篇》,《训纂篇》和《滂喜篇》的汇编。

汉代的大一统的政治局面,迫切需要一种统一的文化与之相适应,语言文字的统一,文化教育的普及,显得十分必要,《三仓》就是顺应这一时代要求,教授文字的规范的启蒙课本,它促进了汉代统一官学的发展和繁荣。

《仓颉篇》、《训纂篇》、《滂喜篇》三书收字共7380个字,包括了古代典籍中的绝大部分用字。晋人将其合并,依次为上、中、下三卷,统称《三仓》。晋人郭璞作有《三仓注》3卷,就是这种体例。

◎东汉龙形金片饰

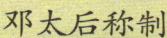
邓太后称制

元兴元年(105年)十二月,和帝刘肇死,少子刘隆即皇帝位,当时刘隆出生仅百余日。于是尊母后邓太后为皇太后,邓太后开始临朝称制,外戚、宦官登上政治舞台。

东汉桓、灵之际,政权日益没落,邓氏依靠外戚掌权听政。于是国舅邓骘、邓垣、邓弘、邓阊皆为列侯,他的母亲耿贵人之兄耿宝则出任羽林军车骑,帝妻阎后的兄弟显、景、耀,并典禁兵。此外,外戚为卿校、侍中者不知若干人。这样一来,满朝文武,

◎女坐俑

都是琐琐姻娅了。

邓太后无力解决帝国的危机,反而出现一代接一代的母后称制,外戚专政,宦官祸国,于是这个庞大的帝国就在抗议、暴动中趋于没落瓦解了。

时失势。这种权力的转移,看起来似无关重要,但它却指明了一个事实,即东汉统治者内部已经彻底地腐烂了。

宦官拥立顺帝

延光四年(125年),中常侍孙程等拥立废太子济阴王刘保为顺帝,孙程等都因此封列侯,宦官权势从此日盛。

外戚、宦官争权是东汉政治的一大特色。宦官拥立顺帝以后,大汉的天下又落到自己家奴的手中,外戚一

蔡伦造纸

东汉元兴元年(105年),蔡伦在前人造纸术的基础上,改革和推广了造纸技术。新的造纸术使旧的不便书写的麻纸变成了至今大致结构没有改变的良纸工艺。

在蔡伦造纸术出现之前,在中国,商代用甲骨,西周用青铜器,春秋时用竹简、木牍、缣帛作为记事材料。汉代,农业发达,经济繁荣,国力强

◎造纸工艺流程图

盛，文化事业蓬勃发展。笨重的竹简和昂贵的缣帛已不能满足人们的需求，寻求新的书写材料已成为时势所趋，造纸术就因此应运而生。

《后汉书·蔡伦传》对蔡伦发明造纸术的记载，是迄今为止有时间和人物的准确记载造纸术的最早记录，广为人们承认。

蔡伦（62年～121年），字敬仲，桂阳（今湖南郴州）人，明帝永平十八年（75年）入宫为宦。章帝章和元年（87年）任尚方令，掌管宫廷手工作坊。和帝元兴元年（105年）发明造纸术。安帝元初元年（114年）封龙亭侯。安帝建光元年（121年）去世，葬在封地。

105年，蔡伦向汉和帝献纸，受到和帝赞誉。造纸术于是广为天下所知，蔡伦造的纸被称为"蔡侯纸"；105年则被普遍认为造纸术的发明年代。造纸术的发明是中国古代最伟大的发明之一，也是人类文明史上一项最杰出的成就。纸的出现，是人类文明的基础，它作为一种新的信息载体在中国率先出现，使中国汉代的文明勃兴超过了其他文明。公元8世纪左右，阿拉伯人才开始用中国的技术和设备造纸。

纸的出现和推广，使汉以后的文化生活出现了崭新的面貌。纸的质量越来越好。汉中平二年（185年），山东造纸能手左伯（字子邑）造出"左伯纸"，史称"子邑之纸，妍妙辉光"。公元2～5世纪，左伯纸、张芝笔和韦诞墨曾是文人墨士喜爱的文房用品。但纵观汉代的书写材料占主要地位的仍是简牍和缣帛。直到晋以后，经济发展，造纸术流传到长江流域和江南一带，造纸材料丰富，才出现了较多较好的纸。

张衡发明制造漏水转浑天仪

东汉时期，中国出现了一位多才多艺的科学家张衡，他在天文学和地学方面的理论和实践活动，使他享有盛誉，他发明闻名于世的候风地动仪，是世界地震测报史上的重要里程碑，而根据他的浑天说理论发明和制造的漏水转浑天仪，又使他成为我国水运仪家传统的始祖。

张衡（78年～139年），字平子，南阳西鄂（今河南南阳石桥镇）人，是我国东汉时期著名天文学家、政治家、文学家和画家，浑天说的代表人物。汉和帝永元十二年（100年），他任南阳太守鲍德的主簿，创作的《东京赋》和《西京赋》，广为流传。后又用了3年时间钻研哲学、数学、天文，永初五年（111年），出任郎中和尚书侍郎。元初二年（115年）起，曾两度担任太史令，前后历14年，其在天文学史上

◎漏水转浑天仪

相当准确。这些成就的取得,无论在天文学史上还是在思想发展史上都有相当重要的意义,他极力反对谶纬神学与历法的附会并被列为太学考试的内容,在迷信之说面前表现了大无畏精神。

天象观测是中国古代天文学取得辉煌成就的重要领域,张衡发明的漏水转浑天仪成就是观测仪器发明制造的杰出代表,其功能、设计制作的复杂和精确程度均是世界上罕见的,是世界上见诸记载的第一架水力发动的天文仪器,对后代影响极为深远。

张衡建立宇宙论学说

张衡的宇宙论是"浑天说"理论。浑天说是在人们使用仪器测量天体位置的基础上产生出来的一种宇宙结构学说,这是从战国时期才逐渐酝酿出来的。

在使用某种赤道式简单仪器观测时,就能发现各种天体都有围绕北极的东升西落的视运动,运动速度均匀。由于对圆早有认识,不久这种运动轨迹就同圆联系起来而产生了天赤道、黄道等概念,从而为浑天说的产生创造了条件。从一定程度上说,浑天说是伴随着浑仪的运转而出现的。

的成就尤为引人注目。

浑天说是张衡宇宙结构理论,《张衡浑仪注》是这方面的理论著作。他认为天好像一个鸡蛋壳,地好像是蛋黄,天大地小,天地各乘气而立,载水而浮。为了演示这一理论学说,张衡以西汉耿寿昌的发明为基础,于117年发明并制造了漏水转浑天仪。漏水转浑天仪用的是两级漏壶,是现今所知最早的关于两级漏壶的记载。

张衡的天文学成就的取得,与他精确细致的天象观测有直接的关系,他所统计的在中原地区能观测到的星数约2500颗,且基本掌握了月食的原理,对太阳和月亮的角直径的测算

张衡发明候风地动仪测地震方位

顺帝阳嘉元年（132年），东汉著名科学家张衡发明制造了候风地动仪，这是世界上第一架可测地震方位的仪器。它是利用倒立惯性震摆的原理制成的，其基本构造符合物理学原理，能探测到地震波的首先主冲方向，是现代地震仪的先驱，也是当时世界上遥遥领先的发明。直到公元13世纪，在波斯马拉哈天文台才有类似仪器出现。到18世纪，欧洲才出现利用水银溢流来记录地震的仪器。

◎候风地动仪

据《后汉书·张衡传》所记载，该仪器系青铜铸造，整体造型宛若汉代的酒樽。地动仪内部结构精巧。候风地动仪的灵敏度很高，最低可测地震烈度为3度左右（据12度地震烈度表）的地震。据记载，候风地动仪制成以后安置在洛阳。公元138年，距洛阳约700公里的陇西发生了一次6级以上的地震，当时洛阳没有震感，而候风地动仪作出了反应。此次陇西地震的实测成功，开创了人类使用科学仪器观测地震的历史。

梁冀专权·张纲埋轮·梁冀灭门

东汉自冲帝以至桓帝中叶都是外戚的天下，皇后之兄梁冀权势高涨，胡作非为。士大夫如张纲等人被迫退回田里，否则就面临下狱或杀身之祸。

顺帝死后，梁太后抱着他两岁的儿子置之宝座之上，定为冲帝。冲帝在位一年，夭折。为了利用幼弱，梁太后与梁冀密谋，又从皇族中选定一个8岁的孩子作为政权的象征，是为质帝。但质帝幼而聪明，他在8岁的时候，便认识到梁冀是一个跋扈将军，因而不合傀儡的条件，所以不到一年，这个可爱的孩子便被梁冀毒死。接着而来的，是一个15岁的孩子，这就是桓帝。桓帝即位，梁冀一门，前后有七封侯，三皇后，六贵人，二大将军，夫人、女食邑称君者七人，尚公主三人，其余卿将伊校57人。在位20余年，穷极满盛，威行内外，百僚侧目，莫敢违命。

可笑的是，梁冀等人假装做出整

顿吏治的样子,于汉安元年(142年),派遣大使徇行郡国,考察风俗。其中有一位年青的使者张纲,独埋车辆于洛阳都亭,不肯出发。他说:"豺狼当道,安问狐狸!"并且上了一封奏折,指责外戚,指责梁冀一族纵恣无底,陷害忠良。忠言逆耳,张纲反因此被贬出朝歌。梁冀依旧作威作福。

张陵创立五斗米道

五斗米道是东汉顺帝(126年～144年在位)时张陵在西蜀鹤鸣山(一名鹄鸣山,在今四川大邑县境内)开创的早期道教教派,因信奉该道的人必须出五斗米,或称因其崇拜五方星斗和斗姆而得名。同时,因张陵自称太上老君降命他为天师,"五斗米道"又称"天师道"。

张陵(34年～156年),又称张道陵,字辅汉。相传为汉留侯张良后裔,沛国丰(今江苏丰县)人。少年时就研读《道德经》及天文地理、河

◎汉代兽面纹玉铺首

外戚的权势高涨,宦官的威风就相形见绌,因而形成了宦官与外戚之间的矛盾。这种矛盾到延熹二年(159年),随着梁后死,裙带断而决裂了。当时皇帝与宦官同盟,发动政变,把梁氏一门无分长幼都斩尽杀绝。但是从外戚手中接收政权的,不是皇帝,而是宦官。诛梁冀由中常侍单超、徐璜、具瑗、左悺、唐衡五人主谋,由桓帝下诏逮捕梁冀。宦官登台以后,其威风亦不减于外戚。皇帝亦视宦官为心腹。

◎西汉彩绘陶壶

洛图纬书籍，曾进太学，通晓五经，被推选进"贤良方正直言报谏科"。东汉明帝时曾做过巴郡江州（今重庆）县令。后隐居北邙山（今河南洛阳北），学习长生不老之道。朝廷征召他为博士，他假装患病，没有应征。和帝即位，征召他为太傅，封为冀县侯，三次下诏相召，他都未接受。顺帝时，他开始在蜀鹤鸣山修道，自称太上老君降命他为天师，自称三法师正一真人，尊老子为教主，奉《老子五千文》（《道德经》）为主要经典，并自著《老子想尔注》，造作道书24篇。其教义源出于古代神鬼思想，巫术和神仙方术，谶纬神学思想和黄老思想，还杂糅了巴蜀地区少数民族的原始宗教信仰，五斗米道教导信教者悔过，并用符水咒法治病。

张陵共有弟子三百多人，以王长、赵升最得真传，他死后，其子孙承袭天师道法，其孙张鲁曾在巴郡、汉中建立过长达30年的政教合一的政权，五斗米道才得以公开传播。后在唐、宋、元三朝均被帝王册封。天师之职世代承袭。元以后统归于正一道，五斗米道才正式消失。

东汉著名政治家 王符

东汉末年，朝廷为外戚、宦官把持，政治严重腐败，一批政论家和思想家不苟权贵，敢于揭露和抨击社会的矛盾和弊端，兴起社会批判和主张改革的进步思潮。王符就是其中主要代表人之一，他所著的《潜夫论》反映了他的社会批判思想和改革主张。

王符（85年？～163年？），字节信，安定临泾（今甘肃镇原）人。东汉著名的政论家、文学家，和马融、张衡、崔瑗等著名学者是好友。他不流于俗，不求引荐，所以游宦不获升迁。于是愤愤而隐居，专心著书，终身不仕。162年同乡度辽将军皇甫规解甲返乡，乡人纷纷前往拜候，皇甫冷落退职太守而欢迎王符，以至当时流传"徒见二千石，不如一缝掖"的说法。王符著书是为"讥当时失得，不欲章显其名"，所以他将书名定为《潜夫论》。

《潜夫论》今存本35篇，《叙录》1篇，共36篇。全书以《赞学》开始，以《五德志》叙说帝王世系，《志氏姓》考证谱牒源流而结束。王符《潜夫论》形成了颇具特色的宇宙生成论。王符受王充元气自然论影响，认为天地万物的产生都是气之所为。基于这样的自然论，王符认为要建立一种"人天情通，气感相和"的天人关系。他认为要搞好政治，就能"理其政而和天气"，实现"兴大化而升太平"。另外，王符在《潜夫论》中对当时流行的谶纬神学流传的汉之兴盛与天相应的符瑞说进行了批驳。

汉代灯具造型精美

两汉时期，我国的灯具制造工艺有了新发展，对战国和秦的灯具既有继承，又有创新。

灯具是由烛台脱胎而来，但并未完全取代烛。我国至迟在战国时期就已经开始使用灯具照明，各地战国墓中出土了不少形状各异的灯具。秦代灯具可见一些文献记载，已出现宫灯、多枝灯等精致独特的灯具。汉代灯具在前代基础上有了很大发展。从形式上看，除原有的座灯外，又出现了吊灯；从质地看，在陶灯、青铜灯之外新出现铁灯、玉灯和石灯，其中以青铜灯具最为多姿多彩。出土实物表明，灯的数量显著增多，这说明它的使用已经相当普及了。这一时期灯具造型丰富多彩，造型取材广泛，制作精良，无论是人物、动物还是器物形态都栩栩如生，达到绝妙的境界。

两汉的灯具制造取得了前所未有的成就，在制造上体现了科学性和艺术性的高度统一。如满城西汉中山靖王刘胜夫妇墓出土的鎏金长信宫灯，形态为宫女跽坐持灯，通体鎏金，通高48厘米，由灯盖、烟道、炉具、灯座、灯盘和灯罩6部分分铸而成，各部分都可拆卸，整体设计合理，在采光、

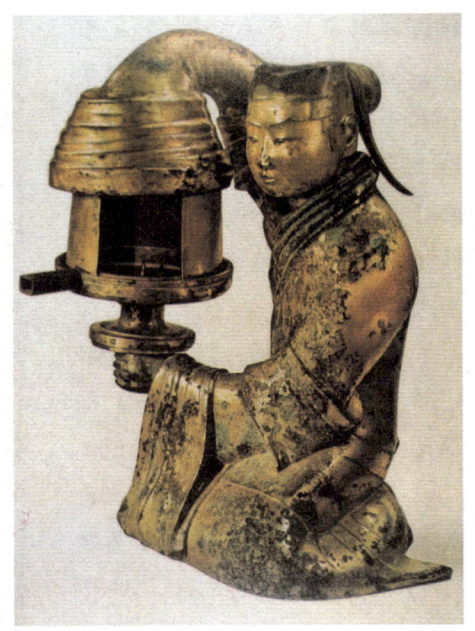

◎汉长信宫灯

省油、避风、除垢等方面都是科学的，造型生动美观，达到极高的艺术水平。汉代流行多枝华灯灯具，一般为一个灯座上支撑着高低错落的几个或十几个灯盏，有的青铜多枝灯可以置上卸下，使用十分方便。多枝灯大大增加照明亮度，不仅更加适用，而且是精美的工艺品。《西京杂记》中就记载了皇后赵飞燕接受女弟合德昭仪馈赠贺礼"七枝灯"。较之前代，汉代还出现了吊灯灯具，可用于悬挂，使用起来相当方便。

总之，两汉时期的制灯工艺在前代基础上取得很大进步，已日臻纯熟，达到很高水平。

东汉

中国罗马帝国建交

◎东汉镶嵌神兽纹牛灯

166年，罗马帝国安东尼朝皇帝马可·奥理略（161年～180年在位）派遣使者自埃及出发经由印度洋，到达汉朝统辖下的日南郡登陆，然后北赴洛阳，开创了中国、罗马帝国两大国直接通使的纪录。《后汉书》对此事有记载，称这次使节是安敦王所派，这是罗马帝国和中国第一次正式建立外交关系。

公元1世纪到2世纪，沿着丝绸之路，自东而西出现了汉帝国、大月氏、贵霜、安息和罗马帝国五个大国。88年，西域长史班超在和莎车的匈奴势力角逐时，曾和已是罗马帝国和中国贸易重要桥梁的大月氏联盟，大概从那时起中国才从官方渠道正式获知罗马帝国这个国家。出于经济和外交上的需要，东汉王朝决意谋求和罗马帝国的直接建交。公元97年，班超派甘英出使大秦（罗马帝国）。公元100年，莫恰（今也门木哈）和阿杜利（今埃塞俄比亚马萨瓦港附近）派使者到东汉首都洛阳，向汉和帝进献礼物。汉和帝厚待两国使者，赐给两国国王代表最高荣誉的紫绶金印，表示了邦交上的极大诚意。此举激励了罗马帝国，半个世纪之后，罗马帝国正式派使者出访中国，两大国正式建交。

罗马帝国使者东来的航路，遵循着以南印度为枢纽的海上丝绸之路，两地进行了频繁的经济、军事、文化交流。随着阿拉伯、突厥帝国的兴起以及欧洲中世纪的到来，中西交往中断了。因此汉帝国与罗马帝国的交往是古代世界中西交往的黄金时代，意义重大。

◎汉代雁鱼灯

章草书法发展

东汉时期,书法家在隶书的基础上创立一种具隶书体势的草书,后代称为"章草"。章草具有很高的艺术性,它保存隶书的波磔,又不乏草书流转遒劲的意态,是我国书法史上的一朵奇葩。

◎汉代彩绘嵌银箔漆砂砚

章草兼具隶书和草书的风格,与今草和隶草有别。它不像今草、狂草那样上下引带、连绵不断,而是取隶书章法,字字区别,笔断意连。与汉初的隶草相比,章草更富于艺术性。隶草是汉代早期的草书,没有波磔,仅是隶书的简易、急速写法,还不是书法艺术。从书法史的角度来看,章草正好处于西汉的隶草和东晋的今草之间,它的繁盛时期是东汉。

章草的体势沿隶书之法式,存隶之波磔,但又有流速遒媚的意态,其笔画萦带之处,往往圆如转圈,把庄重矜持的隶书变得流转活动,唐代书法理论家张怀赞美章草书"婉若回凤,攫如搏兽,迟回缱绻,势欲飞透"。东汉时期章草书法家辈出,最著名的有杜度、崔瑗、崔寔和张芝。

杜度,原名操,字伯度,章帝时以善章草闻名,《书断》将他的章草书列为"神品"。崔瑗(78年~134年),字子玉,著《草书势》,与其子崔寔曾学杜度的书法,后世称杜度与崔瑗父子为"崔杜"。张芝(?~192年),字伯英,酒泉人,著《八月帖》。《书断》称他为"草圣"。关于张芝创今草之说实系臆测,他写的草书是章草,《四体书势》称他的章草书"专精甚巧"。当时的书坛以杜度、崔瑗为楷模,竞相仿效,章草书一时风靡于世。

支谶译经

东汉时,佛教开始传入中土,这一时期有许多译经,译经的多是天竺和西域僧人,其中著名的月支沙门支娄迦谶(支谶),在汉灵帝(168年~190年)间译出佛经14部27卷,向中国人介绍了印度大乘经典。

东汉后期,佛教在中国分成两支流传:一是安世高系,一是支谶系。安世高奉小乘佛经,重视禅法,译经最有影响的是《安般守意经》和《阴持入经》，分别介绍习禅方法和解释佛经名数。而支谶奉大乘佛教，宣讲般若学，教义上大乘重在破法执，即"法无我"。

支谶将大乘佛教经典翻译到中土，第一次向中国人介绍了印度大乘般若学的理论。支谶在汉桓帝末（167年之前）到达洛阳，灵帝在位时期（179年）译《道行般若波罗密经》（也称《小品经》），他所译经文还有《首楞严经》、《般舟三昧经》。

支谶译《道行经》受老子影响，讨论人生的根本在于使神返本真，心与道一起，从而成佛。支谶与弟子支亮，再传弟子支谦合称"三支"，支谦译出佛经36部48卷，进一步介绍大乘般若学，开始突出"佛身"论，讲述修习成佛的过程，认为"佛国"、"净土"就在现实世界中，主要问题在于自己是否自持自净。这种思想在南北朝十分流行，对于禅学的形成起到了很大影响；又吸引广大人民，使西方极乐界与现世兴修功德的净土信仰深入民间。

中国最早的文艺专科大学

东汉灵帝光和元年（178年）2月，中国最早的文艺专科大学——鸿都门学创立。校址设在洛阳鸿都门。鸿都门学是宦官派为了培养拥护自己的知识分子而与士族势力占据地盘的太学相抗衡的产物。

宦官派借汉灵帝酷爱辞、赋、书、画的缘由，办了这所新型的学校。鸿都门学所招收的学生和教学内容都与太学相反。学生多由州、郡三公择优选送，多数是士族看不起的社会地位不高的平民子弟。学校开设辞赋、小说、尺牍、字画等课程，打破了专习儒家经典的惯例。宦官派对鸿都门学的学生十分优待，学生毕业后，多给予高官厚禄，是以一时非常兴盛，学生多达千人。这些学生后来有些出为刺史、太守，入为尚书、侍中，还有的封侯赐爵，使平民子弟得到施展才能的机会。

鸿都门学在"独尊儒术"的汉代，改变以儒家经学为唯一教育内容的旧观念，提倡对文学艺术的研究，是教育界的一大贡献。它招收平民子弟入学，突破贵族、地主阶级对学校的垄断，使平民得到施展才能的机会，也是有进步意义的。鸿都门学的出现，为后来特别是唐代的科举和设立各种专科学校开辟了途径。

◎绿釉陶楼

清议风盛·党锢祸起

汉末，士人批评时政；太学生则在太学中进行反宦官政治的组织和宣传，又从社会上吸收小所有者的子弟进入太学。一时间处士横议，激扬名声，清议之风盛行，再加上中下级官吏的声援，遂形成了小所有者反对宦官政治的高潮。宦官的反攻一天比一天凶猛，于是，党锢之祸开始。

党锢之祸，始于李膺入狱。当时有术士张成，深得桓帝及宦官信赖，他依势教子杀人，被李膺查获，正法偿命。于是天子震怒，逮捕李膺等"党人"二百余人，而各州郡也助纣为虐，大肆逮捕无辜，诬陷良善，淫刑滥罚。

外戚窦武和太学生为此上书皇帝，为所谓"党人"者讼冤。于是约二百余"党人"遂得赦免，放归田里，禁锢终身。虽然如此，天下士大夫都称颂"党人"，而污秽朝廷。

桓帝死，灵帝立，胜利的宦官威权更大，操弄国柄，荼毒海内。其时太傅陈蕃与大将军窦武相议诛杀宦官，但事机不密，反为宦官所杀。跟着而来的是宦官对士大夫的大屠杀。建宁二年（169年），大兴"党狱"，李膺、杜密、荀昱等人，俱被诬杀，妻子发配边疆。天下豪杰及儒学有义行者，也被宦官指为"党人"，六七百人因此受刑致死或免官或发配。

◎西汉彩绘骑马武士俑

士大夫的灾难还没有终了。176年，永昌太守曹鸾上书为"党人"讼冤，又激怒了皇上，除将曹鸾掠死于狱，又诏令州郡，更考究"党人"门生、故吏、父子、兄弟在位者，悉免官禁锢，爰及五属。黄巾大起义后，东汉政府为了对付更可怕的敌人，才下令解除党禁。

生动活泼的汉代俑像

与墓葬制度联系紧密的俑像，是两汉时期雕塑艺术中的重要门类，与秦代相比较，汉代俑像塑造了社会各阶层人物，形象生动活泼。

西汉早期俑像，性质与秦代兵马俑相似，多是用军阵来送葬的模拟物，在规格上则比秦俑小。因为沿袭秦俑的风格，造型比较呆板，主要是用整齐的阵列向人们展示为死者送葬的森严军阵。除此之外也有彩绘女侍俑，模制烧成陶后敷涂色彩，轮廓线条流畅优美，艺术造型超出军阵陶俑，富有生活

◎马踏飞燕

情趣，和另一类侍从木俑、舞蹈奏乐俑同样具有传神姿态。渐至东汉，这类模拟家内侍仆舞乐俑成为主流，而西汉时数量众多的兵马军阵不再出现，人物形象转为侍从乐舞和农牧耕作的农夫部曲，俑像的艺术造型也从呆板变为活泼生动。

汉代俑像种类众多，数量大的是陶俑，另外还有金属铸造的铜俑和不同材料制成的玉俑、石俑、木俑等。根据考古发现，西汉早期陶塑兵马俑现有三处：咸阳杨家湾汉墓、咸阳东郊狼家沟汉汉惠帝安陵第十一号陪葬墓的从葬沟、江苏省徐州市东南郊狮子山西麓。彩绘女侍俑最为典型的是西安姜村窦太后墓从葬坑出土的四十二件，有坐式和立式两种，形象端庄俊美。西汉前期木俑以长沙马王堆、云梦大坟头、江陵凤凰山汉墓为代表，后期木俑则以江苏连云港云台、盱眙县东阳、高邮县天山出土的为代表。

东汉石俑四川出土较多，陶俑则以河南、河北、四川出土的为代表，青铜雕塑东汉作品，主要以甘肃武威雷台出土的为代表。其中最受人称赞的陶俑是四川成都天回山出土的说唱俑，面部充满笑意，表现出一种进入角色的得意神情，一手挟鼓，另一只手持桴配合说唱节奏下棰击打，真实地刻画了说唱者充满激情的神态和手舞足蹈的忘我境界，从中可以看出他不仅仅说书而且还在唱讲，极富戏剧性的神情，堪称写实主义杰作。甘肃武威雷台出土的东汉铜奔马，造型分外精美，构思十分奇巧，又被人称为"马踏飞燕"，制作者运用浪漫主义手法，让一匹风驰电掣的骏马三足腾空，另一足踩在展翅飞翔的鸟背上，从侧面看轮廓呈倒三角形，动感强烈，生动欲飞，是汉代青铜雕塑的珍品。它的出土显示了我国古代雕塑家超绝的想象力，精湛的技巧，体现了汉代豪勇进取的精神。

总之，汉代尤其是东汉俑像生动地反映了当时的社会政治经济面貌，俑像朴拙的风格，奔放的气势构成独特的艺术魅力，在雕塑史上写下了光辉灿烂的一笔。

◎抚琴石俑

◎东汉说唱俑

◎陶马俑

汉代玉器承前启后

中国玉器工艺水平到汉代继续有所发展。西汉初年，玉器开始有所变化，西汉中期变化更大。葬玉和随身玉制装饰物的种类增多，表面花纹从以抽象为主变成以写实为主，汉代玉器在玉器史上起着承前启后的作用。

汉初基本上仍采用战国时代冶玉技术，并在此基础上有所改进。汉代玉器中高浮雕和圆雕增多，镂孔花纹和表面细刻线纹也增加了，无论浮雕或素面玉器，表面抛光技术都有所提高，器物轮廓线和刻纹线条流畅，光滑圆润。

◎汉玉狮

汉代玉器所使用的材料，除了仍是利用绿色和黄褐色的玉料外，增加了大量的羊脂玉。羊脂玉为乳白色，在玉石家族中显得更高雅、莹白。汉代玉料大多是和阗（田）输入的软玉。

汉代玉器使用范围也很广泛，一

些玉器作为装饰品，或随身佩戴，或做成实用品，比如作为附属于金属实用物上的装饰品。装饰玉器最多的是佩玉。玉器还可用作礼器，这主要是璧和圭。现存汉玉中占极大比例的是葬玉，是专门为保存尸体而制造的，主要有玉衣、九窍塞、玉王含和握玉四种。浮雕美术品以定县北陵关汉墓的玉屏风为代表；圆雕的玉刻，最著名的是汉昭帝陵附近发现的跃马的骑士。

卷云纹可能是由蟠螭纹图案化而来的。除图案化花纹外，写实的动物纹在汉代也增多了，即使是图案化的动物也更易于辨识。

◎西汉玉熊

◎汉玉人

玉器的花纹可分为几何纹和动物纹两类。几何纹以涡纹、卷云纹、谷纹和蒲纹最常见，汉代动物花纹承袭了战国时代的风格，兽形全部图案化，几乎认不出原有动物的形象，可以识别的动物纹饰有龙纹、兽纹、鸟纹（凤纹）和兽面纹，涡纹和卷云纹最为常见，

黄巾起义

东汉后期的七八十年间，朝政腐败，社会动荡不安，各类矛盾尖锐突出，整个社会隐伏着巨大的危机。

面对贫穷饥饿和腐朽的统治，巨鹿郡（今河北宁晋西南）人张角正酝酿着一次大规模的农民起义。张角是太平道的教主，自称"大贤良师"。他利用"符水"给人治病，吸收了很多弟子，派他们到各地去传教，十几年间，徒众发展到三十多万人，活动遍及青、徐、幽、冀、荆、扬、兖、豫八州。经过长期的部署准备之后，张角决定于灵帝中平元年（184年）即甲子年的三月五日，在全国同时起义，并提出了"苍天已死，黄天当立，岁在甲子，天下大吉"的口号。当时大

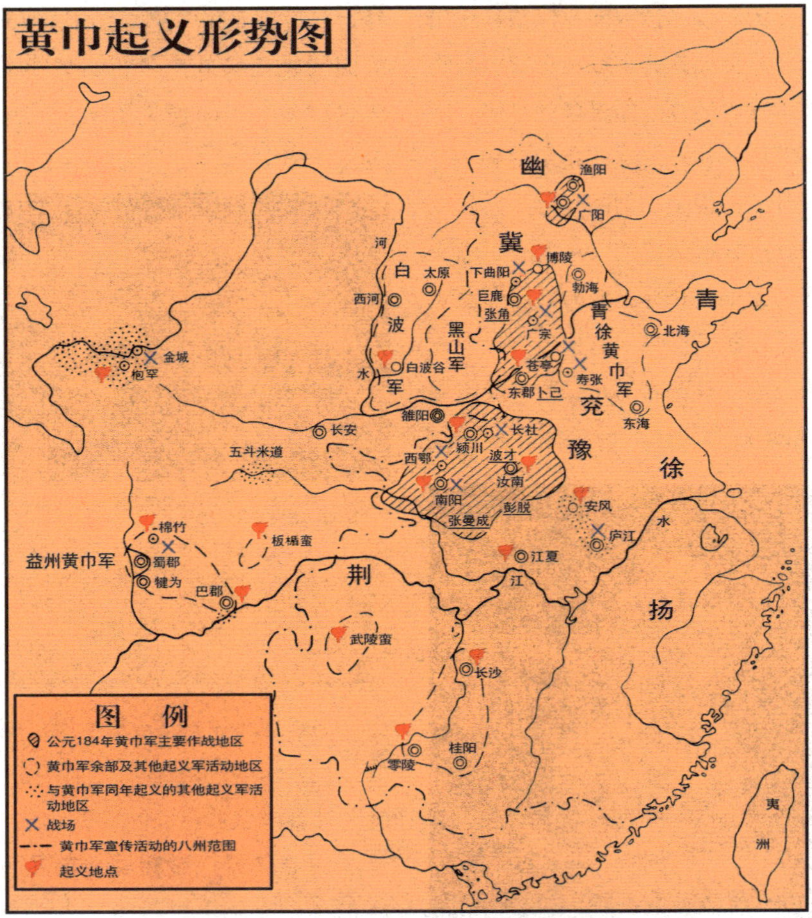

黄巾起义形势图

图例
- ◎ 公元184年黄巾军主要作战地区
- ⌒ 黄巾军余部及其他起义军活动地区
- ⋯ 与黄巾军同年起义的其他起义军活动地区
- ✕ 战场
- —·— 黄巾军宣传活动的八州范围
- ▼ 起义地点

方首领马元义等先收合荆（今湖南常德东北）、扬（今安徽和县）二州徒众几万人，约定在邺城（今河北临漳西南）起事。马元义又来往于京师洛阳，联合宦官封谞、徐奉等为内应，约定到时内外俱起。可是，就在预定起义的前一个月，有人向东汉政府告密，马元义被捕处死，洛阳一千多群众惨遭杀害。东汉政府又连夜下令到冀州搜捕张角，张角得到消息后，马上派人驰告各方，立即发动起义。

经过了长期酝酿准备的各地农民军，接到张角的命令后，三十六方同时起义。张角自称"天公将军"，他的弟弟张宝称"地公将军"，张梁称"人公将军"，兄弟三人为最高统帅。起义军头裹黄巾，因此被称为"黄巾军"。黄巾军杀官吏，烧官府，摧毁豪强地主的田庄，没收他们的土地和财物，开仓赈济贫民。一月之内，天下响应，京师震动，轰轰烈烈的黄巾军大起义就这样爆发了。

董卓专制

中平六年（189年）七月，大将军何进召董卓进京诛杀宦官。八月，董卓军未至洛阳而何进已被杀，皇宫大乱，宦官张让劫持少帝出逃。董卓闻讯，乘机引军护驾，保护少帝还宫。董卓进京后，逼迫汉廷罢免司空刘弘，自为司空。九月，又胁迫何太后及朝臣废少帝，立陈留王为帝，是为献帝。废立之日，众臣都悲切惶恐，却没有人敢有所进言。董卓随后又毒杀何太后，从此便专制朝廷。十一月，董卓自称相国，带剑上殿，入朝不跪，全无做臣子的礼节。同时，董卓在京师纵兵劫掠财物，残害百姓，京师人人自危。董卓还征招名士，拉拢人才为己所用，以巩固自己地位。总之，这时的董卓虽未登帝位，却完全控制了中央大权。

◎铜鼎，汉代量器

关东联军讨董卓

初平元年（190年）正月，关东（古函谷关以东地区，古函谷关在今河南灵宝东北）各州郡牧因不满董卓专制朝政，纷纷起兵讨伐，共推勃海郡（今河北南皮东北）太守袁绍为盟主。董卓进京后任命的冀州（今河北临漳西南）牧韩馥、兖州（今山东金乡西北）刺史刘岱、豫州（今安徽亳州）刺史孔伷、陈留（今河南开封东南）太守张邈等都于此时参加讨董。

各州郡牧守均拥兵数万，盟主袁绍自号车骑将军，与河内（今河南武陟西南）太守王匡屯于河内；韩馥屯于邺城；孔伷屯于颍川（今河南禹县）。刘岱、张邈、东郡（今河南濮阳西南）太守桥瑁、山阳（今山东金乡县西北）太守袁遗、济北（今山东长清东南）相鲍信、行奋威将军曹操等屯于酸枣（今河南延津西南）；后将军袁术屯于南阳（今河南南阳）。董卓所部西北军素以善战著称，关东诸军不敢冒进，双方胶着于荥阳、河内一线。

二月，董卓见关东军气势很盛，对洛阳形成威胁，决定迁都长安。迁都之前，董卓先毒杀前少帝弘农王刘辨；又因袁绍带头反对自己，大杀袁氏家族五十余人。接着董卓胁迫献帝迁都长安，并驱迫洛阳百姓数百万人

同行。途中百姓遭军队抄掠践踏，加之饥饿劳累，死者不计其数。董卓又下令将洛阳的宫殿、官府、民房等全部烧毁，方圆二百里化为一片灰烬。董卓本人屯兵洛阳，与关东军相对抗。

普遍向着武装化、堡垒化的方向发展，被称为坞壁、营堑，成为极为重要的军事力量。

田庄经济开始发展

公元前156年～公元前87年的西汉武帝时期，最初的田庄经济这种新型的农业组织形式开始出现，它是剧烈的土地兼并和集中的产物。

据《汉书·灌夫传》记载，灌夫"家累数千万，食客日数十百人，波池田园，宗族宾客，为权利横颍川"，同书《田蚡传》说田蚡"治宅甲诸第，田园极膏腴"。可见当时的田庄已经具有相当的规模。西汉末年，田庄经济已经成熟，樊重经营的农庄最具典型意义。《水经注·比水注》表述樊重的田庄已是一个农、林、牧、副、渔综合经营的自给自足的经济单元。

东汉时期，统治者对于支持他们夺取并建立政权的豪强地主一直采取优厚和宽容政策，因而为田庄经济的长足发展提供了更为优越的环境，这时的田庄都是综合经营的经济组织。田庄大都设有私人武装以看家护院，到东汉末年，田庄的这种军事性质被大为加强。由于社会动荡不安，田庄

◎陶鸡

◎陶牛

◎陶猪

群雄划地割据

在镇压黄巾起义的过程中,州郡官吏和地方豪强都壮大了力量,他们拥有武装,发展成了半割据的势力。地方势力不可避免地走向公开的割据混战。此后历经东汉统治集团外戚、宦官的明争暗斗、董卓入朝废立皇帝专制朝政、关东各州郡牧守联兵讨伐董卓等一系列事件后,全国的形势更加混乱,各地的割据活动迅速扩大。州郡牧守各树一帜,招兵买马,彼此间或尔虞我诈,或合纵连横,弄得黄河流域战云密布,兵戎不断。

经过五六年间混战兼并、分分合合的过程后,到公元2世纪最后的一两年间,全国逐渐形成许多割据区域:袁绍占据冀、青、并三州,曹操占据兖、豫二州,公孙瓒占据幽州,刘备、吕布在陶谦之后相继占据徐州,袁术占据扬州的淮南部分,刘表占据荆州,

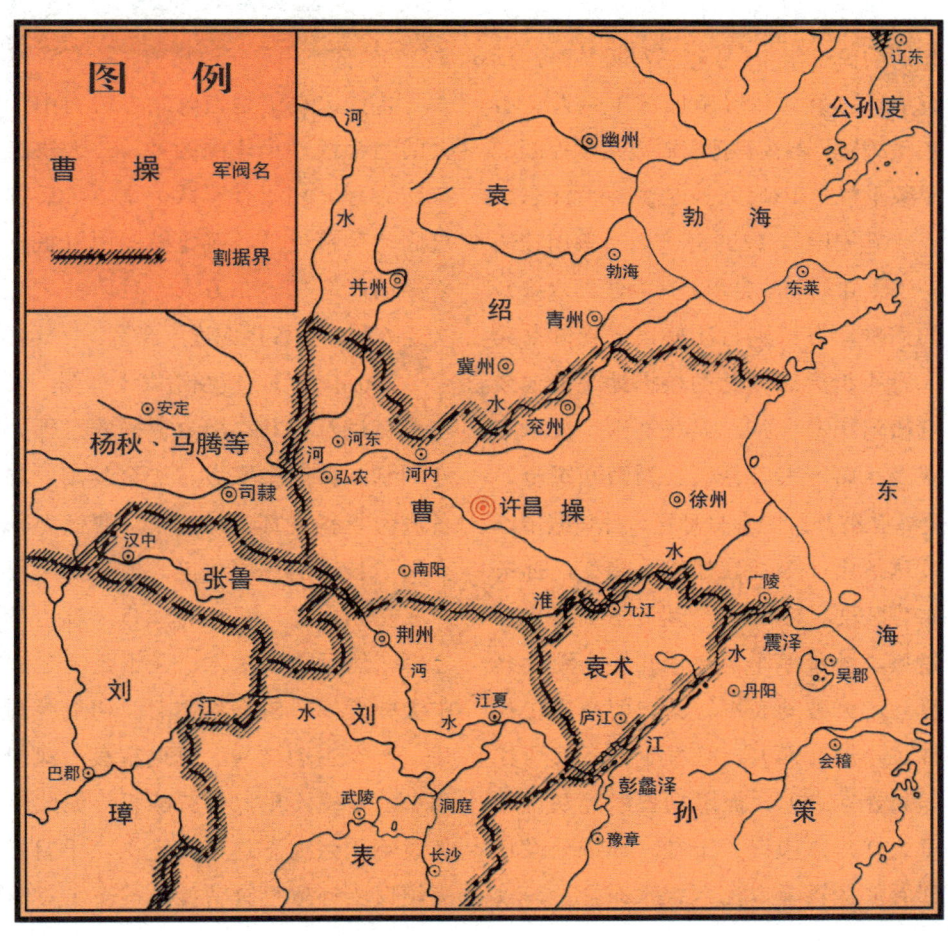

刘焉占据益州，孙策占据江东，韩遂、马腾占据凉州，公孙度占据辽东，等等。其中势力最大的是中原地区的袁绍和曹操。群雄划地割据局面的形成，以及彼此间接连不断的战争，给人民带来了沉重的灾难，也对社会生产力造成了空前破坏。

孙策入主江东

孙策，孙坚之子，在其父孙坚战死后的第三年（194年）辞母从军，投奔袁术。袁术将孙坚旧部千余人交由孙策统领。不久，孙策脱离袁术控制，率数千将士东征西讨，着意经营江东。

建安四年（199年），孙策用计使庐江太守刘勋攻打海昏（今江西永修）的宗帅，自己则与江夏太守周瑜率兵二万乘机突袭刘勋的根据地皖城（今安徽潜山县北），俘获刘勋、袁术家眷及兵将十三万余人。刘勋回军至彭泽，又被孙策的堂兄孙贲、孙辅截击，败逃流沂（今浙江建德一带），孙策乘势猛攻，刘勋大败，北逃投奔曹操。随后，孙策率军进攻荆州（今湖北襄樊），大破刘表军。又旋即南进豫章郡（今属江西），驻军于椒丘（今江西新建东北），派遣功曹虞翻劝说豫章太守华歆投降。于是，孙策分豫章郡置庐陵郡（今江西吉水东北），以孙贲为豫章太守，孙辅为庐陵太守，然后继续进攻吴郡（今江苏苏州）。孙策先攻破邹佗等部，随之又大破严白虎，杀吴郡太守许贡。至此，扬州六郡中丹杨（今安徽宣城）、会稽（今浙江绍兴）、吴郡、庐江、豫章五郡均为孙策所有。江东基本被孙策占据。由此，孙策得以入主江东，为随后与魏、蜀鼎足而打下了坚实基础。

曹袁官渡之战

曹操、袁绍是当时北方势力中最大的两个政治集团的领袖，二人决战势在必行。袁绍有军队数十万，后方巩固，兵精粮足。而曹操能用以抵抗袁绍的军队仅一二万人，且所驻之地久经战乱，物资供应远不丰富。

200年二月，袁绍遣谋士郭图、大将颜良进军白马，围攻曹操的东郡太守刘延，自己亲率大军进至黎阳，准备渡河直捣许都。决战中，曹操充分表现了自己的军事才能。他先是采用声东击西之计，斩大将颜良，解白马之围。然后诱敌深入，又于延津之战中大败袁军，斩大将文丑。初战胜利后，曹操主动撤兵，退屯官渡，深沟高垒，坚壁不出，等待战机，如此阻扼袁绍十万大军达半年之久。十月，袁绍谋士许攸投奔曹操，透露了袁绍

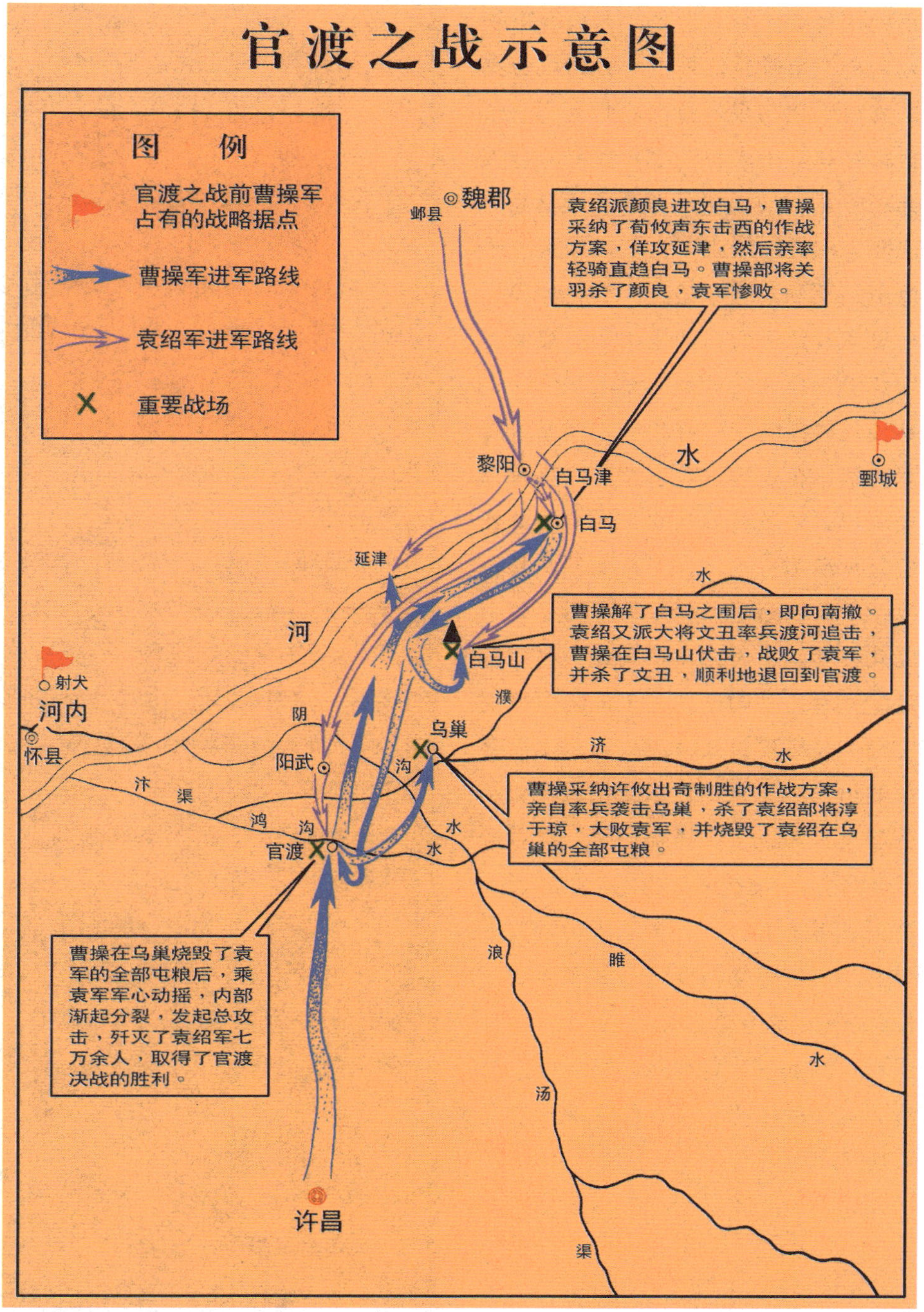
官渡之战示意图
图例
官渡之战前曹操军占有的战略据点
曹操军进军路线
袁绍军进军路线
重要战场
魏郡
邺县
袁绍派颜良进攻白马，曹操采纳了荀攸声东击西的作战方案，佯攻延津，然后亲率轻骑直趋白马。曹操部将关羽杀了颜良，袁军惨败。
黎阳
白马津
水
鄄城
白马
延津
水
河
曹操解了白马之围后，即向南撤。袁绍又派大将文丑率兵渡河追击，曹操在白马山伏击，战败了袁军，并杀了文丑，顺利地退回到官渡。
白马山
射犬
河内
怀县
濮
阴
乌巢
济
水
阳武
沟
汴
渠
鸿
沟
水
官渡
水
曹操采纳许攸出奇制胜的作战方案，亲自率兵袭击乌巢，杀了袁绍部将淳于琼，大败袁军，并烧毁了袁绍在乌巢的全部屯粮。
曹操在乌巢烧毁了袁军的全部屯粮后，乘袁军军心动摇，内部渐起分裂，发起总攻击，歼灭了袁绍军七万余人，取得了官渡决战的胜利。
浪
睢
水
汤
许昌
渠

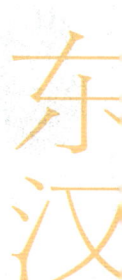

新近在乌巢（今河南延津东南）屯积万余车粮草辎重的情况，并建议曹操出奇兵偷袭乌巢。曹操闻听大喜，亲自率步骑五千人打着袁军旗号，乘夜奔袭乌巢。半夜时分，曹军赶至乌巢，四面点火，围攻袁军大营，守将淳于琼出战不利，退守粮屯，等待援军。乌巢离袁绍大营仅四十里，但袁绍得知曹操亲自率兵偷袭乌巢，认为这正是攻破曹操大营的好机会，便派大将军张郃、高览等进攻官渡曹军大营，只派少数轻骑往救乌巢。在乌巢，曹操督军继续猛攻，曹军将士都殊死奋战，终于大破淳于琼军，阵斩淳于琼，烧其粮草辎重万余车。乌巢一仗，决定了官渡之战的胜负，至此袁绍败局已定。袁绍攻曹操官渡大营未下，乌巢败讯已经传来。袁军将领张郃、高览等见大势已去，投降曹操，袁军顿时全线崩溃。曹操乘势出击，大败袁军，消灭袁军七八万人，缴获大批珍宝、图书、辎重等物，袁绍与其子袁谭仅带八百余名亲兵逃过黄河。

官渡之战，曹操以弱胜强，一举消灭袁绍的主力，为他统一北方奠定了基础。

小辞典 人物 宣扬佛教思想的牟子

东汉末年，儒家独尊地位已开始动摇，佛、道二教因解脱禁锢而得以迅速发展。与中国传统文化分属不同体系的印度佛教，传入中国以后，因价值取向的不同，必须在儒道二教的夹缝中谋求生存和发展，牟子的《理惑论》是第一部由中国人撰写的传播佛教思想的著作，体现了这一时期特点。

《理惑论》约成书于汉献帝初年（190年～193年），因作者名而又称为《牟子》。这部书的主旨是宣扬佛教思想。作为中国学者撰写的佛教著作，他对中国传统文化包括儒、道二家的思想十分熟悉，为了确立佛教的地位，他力图找出佛教与儒、道二家思想的某些相通之处，以此作为切入中国意识形态领域的契机。

《理惑论》最先体现了由汉代"儒家独尊"向儒、道、释三教并存这种时代精神的转换，它是汉末三教激烈斗争中，对佛教教义的重新阐释，体现了佛教徒企图把佛教与中国传统的儒家和道家思想调和的目的，表现了汉末佛教在中国流传的特点，为谋求佛教在中国的生存和发展作出了有益尝试。同时，这部划时代的著作拉开了漫长的三教在理论上论争和交融的序幕。

名法思想兴起

东汉末年，谶纬神学思想逐渐衰落，儒家神学的独尊地位彻底丧失，其作为维系社会和人心的功能已不复存在，为世家大族所垄断的人才察举制度，引起了各阶层人们的极度不满。一些士大夫从被汉武帝罢黜的先秦诸子学说中寻出了名家和法家的思想学说，名法思想随之兴起。

名家和法家之所以能复兴，乃是因为名家考核名实，知人善任，法家讲求"循名责实"，即如何发现人才和使用人才，从而将封建法治紧密联系起来，正适应了曹魏政权抑制豪强和大力选拔寒门庶族人才以巩固其在北方建立的统治的需要，曹操提出的"唯才是举"的人才选拔标准，名家和法家的复兴与此如出一脉。

诸葛亮是位杰出的政治家、军事家，在军事上和治理内政方面采取的措施与曹操极为相似，也奉行法治。这些治国治军的方略，在汉末魏初的动乱年代确实起到了维系社会和人心的重要作用，同时又为魏晋玄学思潮的兴起以及品藻人物的清谈之风提供了某些思想准备。

张仲景著《伤寒论》

张仲景（约2世纪~3世纪），名机，汉末医学家，南阳郡涅阳（今河南南阳）人，年少时跟随同郡张伯祖学医，相传曾任长沙太守。东汉末年，瘟疫流行，张氏宗族的200多人在不到10年时间就死去2/3，其中大部分死于伤寒发热。张仲景悲愤之余，发愤读书，刻苦钻研《内经》、《阴阳大论》等古典医药书籍，总结东汉以前众多医家和自身的临床经验，于东汉末年撰成了《伤寒杂病论》这部划时代的临床医学巨著。《伤寒论》即是《伤寒杂病论》的组成部分之一。

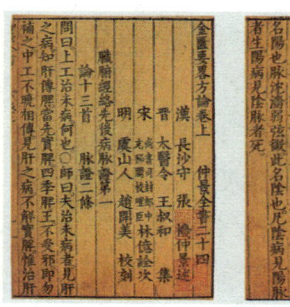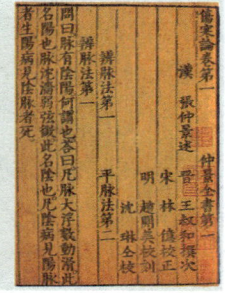

◎ 《金匮要略》和《伤寒论》书影

《伤寒论》共10卷，是一部以论述伤寒热病为主的奠基性中医临床经典著作。张仲景在《伤寒论》中，对其发病的因素、临床症状、治疗过程及愈后等问题，进行了综合分析，创造性地提出了六经辨证的学说。《伤寒论》虽主要论述伤寒证治，但贯穿

书中的"辨证论治"思想及六经大法，对于各科临床诊治均有指导意义。

原书《伤寒杂病论》撰成后，因战乱散佚，后经晋代王叔和整理。张仲景的方剂被推为"经方"，称之为"众方之祖"。张仲景也被尊为"医圣"。

"外科鼻祖"华佗创五禽戏

五禽戏，也叫"五禽气功"、"五禽操"、"百步汗戏"，是东汉华佗在运动实践中创编的成套导行健身术。因模仿虎、鹿、熊、猿、鸟5种禽兽的神态和动作而得名。

华佗（约141年～208年）又名敷，字元化，沛国谯（今安徽亳州）人，是汉末著名医学家、养生家，外科技术尤为精湛，首次把全麻醉剂（酒服麻沸散）应用于外科手术，大大推进了外科手术的发展。他首创开腹术，为后代医家誉为"外科鼻祖"。《后汉书·华佗传》上记载了他此次精湛的外科手术。华佗在外科学和麻醉学上的深刻造诣，不仅在中国医学史上是空前的，在世界外科手术史和麻醉学史上也占有相当重要的地位。在其影响和启发下，中国后世医家研究麻醉散取得了不少成果。

他还根据人体的生理和某些医理，在继承前人导引理论和实践的基础上，阐明了运动对健康的重要性和导引在养生方面的作用，创编五禽戏。华佗所创五禽戏的具体动作早已失传，六朝陶弘景《养生延命录》中所辑《五禽戏诀》可能与原来的动作差距不大。五禽戏的出现，很大程度上推动了后世导引养生术的发展，同时对后来一些象形拳的创编提供了一些有益的启示，因而对我国的运动史、气功史产生了极深远的影响。

华佗游医四方，名满天下。曹操患头风，召华佗前往治疗，华佗治病产生了疗效，但并没有去除曹操的病根。后来华佗又找借口避去，曹操大怒，派人捉拿华佗，下到狱中，于建

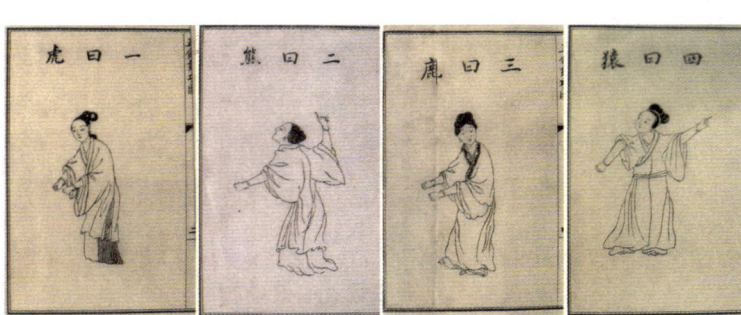

◎五禽戏——虎　　◎五禽戏——熊　　◎五禽戏——鹿　　◎五禽戏——猿　　◎五禽戏——鸟

安十三年（208年）处死。华佗死后，他的医书也失传。华佗传授的弟子3人，樊阿善针灸、吴普著本草、李当之著药录，都闻名于当世。华佗本人的著作未传世，传本华佗《中藏经》是后人托名所作。

诸葛亮出《隆中对》

建安十二年（207年），刘备亲至襄阳隆中访问隐居在那里的琅琊名士诸葛亮。

诸葛亮（181年～234年），字孔明，三国时期大政治家兼军事家，时称"卧龙"先生。刘备在荆州时，访贤若渴，司马徽和徐庶向他推荐诸葛亮。刘备三访隆中，才见到诸葛亮。刘备与诸葛亮在隆中畅谈天下大势和个人志向，并向诸葛亮求计。诸葛亮向刘备提出"东联孙吴，西据荆益，南和夷越，北抗曹操"的统一全国的方略。诸葛亮为刘备分析天下形势，建议他乘机夺取荆州、益州，以此二地为基业，据险要地势，坚守不放，然后与江东孙权结好，与西南少数民族融洽相处，在国内修明法度，广积粮草，整顿军队，发展生产，充实地方实力，静静观望时局变化，一伺时机成熟，马上向北抗击曹操，统一全国，完成霸业。这就是著名的《隆中对》。

刘备听后大喜，如鱼得水于是请诸葛亮出山辅佐自己，从此诸葛亮成为刘备的主要谋士，也成为刘备集团中举足轻重的人物，为蜀政权立下了汗马功劳，而《隆中对》也就成为指导刘备集团斗争的路线。

◎古隆中三顾堂

秦汉最后一位进步思想家仲长统

建安十一年（206年）三月，仲长统著《昌言》，论说古今时俗政事，叙述己见，颇有新意。仲长统（179年～220年），字公理，山阳高平（今山东邹县西南）人。从小好学，博览群书，文辞漂亮，性格狂放，不拘小节。他的《昌言》集中了他的观点，一共34篇，十几万字。可惜大多散失，一部分片断保留在《后汉书》本传和《全后汉文》中。

仲长统，作为秦汉时期最后一位著名的进步思想家，对天人关系、客观与主观关系、社会历史发展都提出自己唯物主义的认识观点，并在理性和神学迷信之间划了一条鸿沟，宣告了经学神学思想统治的崩溃和两汉经学的终结。他提出"人事为本，天道为末"的思想，无论从理论上还是从对社会现实的批判上，都具有重大意义。但是由于时代和个人原因，仲长统社会历史观上存在消极成分，尤其到了后期，他"思老氏之玄虚"，消极避世，无疑地影响了他的成就。在这方面，他指出老庄的"玄虚"；将"本"与"末"范畴引入哲学领域，则又成为魏晋玄学的理论先驱。

赤壁之战

建安十三年（208年）十二月，曹操在夺取荆州（今湖北襄樊）后，写信恐吓孙权，准备以八十万水军和孙权围猎吴地，随后准备沿江东取夏口（今湖北汉口），消灭刘备。刘备派谋士诸葛亮过江联合东吴共抗曹军。当时曹操大军约有二十万人，诈称八十万。孙权调集三万兵力，派大将周瑜、程普为正、副统帅，和刘备的二万人马组成联军，共同抗击曹操，赤壁之战爆发了。

曹操大军自江陵沿江东下，到赤壁（今湖北嘉鱼东北，在长江南岸）和孙刘联军遭遇。曹军远来疲敝，士兵不习水土，经过两小时战斗，孙刘联军获胜。曹操把军队移到乌林（今湖北嘉鱼西，在长江北岸），与对方隔江对峙。周瑜运用黄盖诈降计，派黄盖率小型战船十艘，上面满装柴草，再用膏油灌注，假称投降，向北岸的曹营驶去。距离曹营二里时，黄盖命各船一起点火，借助风势，直扑曹操水军的船只。风猛火烈，曹军战船被火烧起，火焰借助风势，随即蔓延到北岸营寨。这时周瑜率领大队水军乘势从南岸发起进攻，曹军大败，船只全部被烧，士兵伤亡惨重，曹操率领

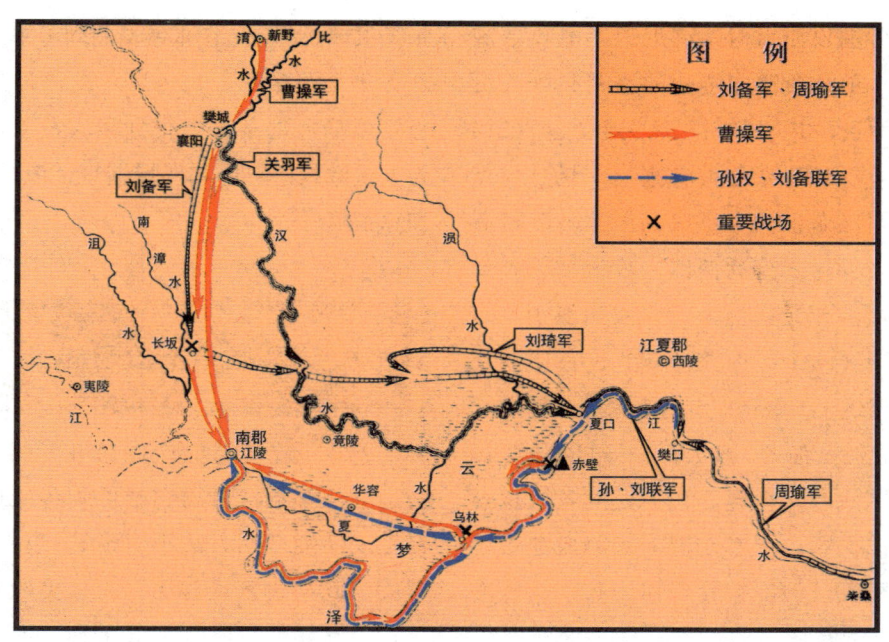

◎赤壁之战

军队从华容道（今湖北监利西北）陆路撤回江陵。这时，孙刘联军水陆并进，把曹军追逼到南郡（治所在江陵）。曹操见大势已去，再加上疾病流行，很多人染病而死，只好命大将曹仁、徐晃镇守江陵，乐进镇守襄阳，自己率大军北撤回师。赤壁大战最终以曹操失败而告终。

赤壁之战是一次以少胜多的战役，此后，三国力量对比发生变化，鼎足之势形成，曹操据北方，孙刘据江南，各自发展实力，积蓄力量，准备新的较量。

刘备占据益州·平定三巴

建安十七年（212年）十二月，刘备应益州牧刘璋之请进至益州（今四川成都）、葭萌（今四川广元西南）后，树恩立德，收买人心，准备夺取益州。当时江东孙权受曹操攻击，请刘备相救，刘备借机向刘璋借兵，刘璋只给兵四千，辎重物资亦只给一半。刘备乘机激怒将士反对刘璋。此时，刘璋谋士张松暗通刘备谋取益州之事泄露，被刘璋斩首，刘璋又命各地关戍，不许刘备通过。刘备于是向刘璋发动进攻。第二年五月，刘备军势更盛，连连取得胜利，分军四下平定许多地方。

刘备围攻雒城时，因迟迟不能攻下雒城，于是命镇守荆州的诸葛亮等人沿江西进，共取益州。建安十九年（214年），诸葛亮与大将张飞、赵云攻克益州巴东郡（今重庆奉节东），随后张飞、赵云分兵两路，攻占江阳（今四川泸州）、犍为（今四川彭山）、巴西（阆中，今属四川）、德阳（今四川遂宁）等地。刘备后来占领雒城。诸葛亮、张飞、赵云率军与刘备会师，进围成都（今属四川）。刘备派从事中郎简雍入成都劝降。当时成都城还有精兵三万，粮食可用一年，军民准备誓死抗战。这时马超正在张鲁麾下，密书请求向刘备投降，刘备给马超补充军队，命其引兵屯扎于成都城北，城中大惊。刘璋无心再战，开城投降，刘备进入成都，把刘璋迁回公安（今湖北公安东北），自领益州牧。于是在建安十九年（214年）闰五月，刘备占据益州。这为后来建立蜀汉政权打下了基础。刘备奔波半生，终于也有了自己的地盘。

建安二十年（215年）十一月，刘备见曹操势力不仅进入汉中（今陕西汉中东），而且进入三巴（巴郡、巴西、巴东）地区，便派遣部将黄权出兵三巴，击败投降曹操人酋帅朴胡、任约等人。曹操派大将张郃率军准备把三巴的人迁往汉中。刘备派巴西太守张飞率万余人迎击。相持五十多天后，张飞大破张郃，迫使张郃退回到南郑。刘备于是平定了三巴地区。三巴地区平定以后，刘备势力得到极大发展，为刘备政权的巩固和发展铺平了道路，扫除了障碍。

诸葛亮严令治蜀

刘备于建安十九年（214年）闰五月进驻成都后，诸葛亮辅佐刘备治理蜀地，法度严明。法正对诸葛亮说：过去汉高祖进入函谷关，曾与民约法三章，秦朝的百姓十分爱戴他。现在我希望您能减轻刑法，放松禁令，让这里的老百姓也能感恩于你。诸葛亮解释说：秦朝法令太严苛了，使百姓怨气冲天，汉高祖用刑松弛，可以济

◎凤凰山汉墓出土的陶仓贮藏

大事。而刘璋昏庸懦弱，不施行德政，也不严肃法令，使国家混乱无序。现在必须采取严明的法度，使奖惩分明，善恶各得其所，才可以奖善惩恶，才可以"荣恩并济，上下有节"。

诸葛亮以严治蜀后，果然蜀地社会安定，生产加速发展，人民安居乐业，国家渐渐强大，蜀地的经济、政治、文化面貌一时焕然一新。诸葛亮严令治蜀，为蜀国日后的发展做出了贡献。

曹操治魏

建安二十一年（216年）五月，魏公曹操进封魏王，继续担任丞相，领冀州牧。曹操在外抗孙、刘政权的同时，对魏国内部加强统治。曹操在建安年间三次下令申明唯才是举，勿拘操行，因此网络了大批人才，文学也得到了发展，出现"建安七子"。曹操还广泛地屯田，开展农业生产，获得了与孙刘相持的重要物质基础。同时，曹操还用强硬手段镇压了数次起义。建安二十三年（218年）正月消灭少府耿纪、太医令吉本、司直韦晃的起兵；同年十月消灭侯音的聚众造反；建安二十四年（219年）九月，诛杀谋反的魏讽。每次镇压都牵连众多。在曹操的治理下，国家得到安定，生产继续发展，使魏一直处于三国中最强的政治地位。

◎曹操画像

关羽败走麦城

关羽（？～219年），字云长，河东解县（今山西临猗西南）人。他勇猛善战，时称"万人之敌"。他曾随刘备东征西讨，屡建战功。建安五年（200年），曹操大败刘备，俘虏关羽，对关羽百般优待，爱惜关羽勇武，曾流传"上马金，下马银"之说，并封其为汉寿亭侯，但关羽始终不为所动，伺机逃归刘备。刘备对关羽极其倚重，常派关羽镇守战略要地，独当一面。建安二十四年（219年），关羽进攻樊城，曾水淹于禁七军，军威大振，威镇华夏，曹操曾议迁都之事以避其锋芒。后因

◎洛阳市关林

江东吕蒙施巧计袭破他镇守的荆州，使关羽进退失据而兵败被杀。

建安二十四年（219年）十月，江东大将吕蒙乘关羽与樊城守将曹仁对峙之时偷袭荆州，攻占了关羽的大本营江陵。关羽面面受敌，急忙从樊城撤兵西还，驻扎在麦城。吕蒙采取分化瓦解的策略，使关羽的将士无心恋战，逐渐离散。关羽孤立无援，坚守麦城。孙权派人诱降关羽，关羽伪称投降，在城头立幡旗，假做军士，自己却逃走，只有十多骑跟随。孙权派朱然、潘璋断了关羽各路途，在章乡捉获关羽和其养子关平，随即处死。

 **汉乐府叙事诗《孔雀东南飞》**

我国古代第一篇长叙事诗《孔雀东南飞》为东汉末建安年间（196年～219年）无名氏所作。它取材于当时发生在庐江郡（今属安徽）的一个真实的婚姻悲剧，后经民间口头流传、文人们加工润色而成，最早见于梁朝徐陵所编的《玉台新咏》，题为《古诗为焦仲卿妻作》。后人多以该诗首句"孔雀东南飞"为题。

《孔雀东南飞》叙述了一个哀婉动人的故事，最突出的艺术特色是成功地塑造了几个人物形象：勤劳善良、外柔内刚的刘兰芝；孝顺懦弱但忠于爱情的焦仲卿；唯我独尊、冷酷专制的焦母；自私庸碌、重利轻情的刘兄。《孔雀东南飞》的另一大艺术特色是汲取了丰富的民歌叙事艺术手法和技巧。全诗长达1700多字，是整齐的五言韵诗，采用了民歌常用的铺叙和比兴手法，语言自然流畅，声调和谐，色彩绚丽；情节结构完整，剪裁得当，叙事和抒情有机结合。《孔雀东南飞》以其高度的思想性和艺术性成为汉乐府叙事诗发展的高峰，对后世文学产生了深远的影响。

画像砖、画像石进入全盛时代

盛行于两汉，在东汉时期达到艺术高峰的画像石和画像砖，是中国古代美术园囿里的奇葩。画像石是一种有雕刻特征的石刻画，主要用于墓室、墓前祠堂、石阙等墓葬建筑的建造和装饰，画像砖则是用于墓室内装饰的砖刻绘画，前者在东汉以后就不再流行了，后者至南北朝还继续流行，且有很高的成就。但是，汉代画像砖石无论在出土数量、砖块形制、画幅形式、题材内容及表现手法上，均领先于其他时期，因此，汉代被称为画像砖石的黄金时代，是当之无愧的。

◎骆驼载乐画像砖

画像砖石是汉代厚葬习俗的产物，它的出现有其思想和物质方面的原因。首先，汉初统治者热衷于神仙传说，追求长生不老，永享极乐。因为整个汉代社会的伦理道德几乎都由传统的儒家思想所统治，所以这些画像中还充满了大量表现儒家思想典范的经史故事。

汉代画像砖石上所表现出来的艺术造诣，已远远超过了前代。周秦以前的美术作品，花纹皆以图案为主，要求的是对称的美，对人物动物的动态表达还很朴拙幼稚。而在汉画里，以马的画法为例，就有正面画法、侧面画法，有奔驰的姿势和吃惊而立的姿势，都有很高的成就。至于人物故事的画面结构，如荆轲刺秦王、豫让击衣、狗咬赵盾、泗水取鼎等，人物动感强烈，布置也很得当。可以说，汉代画像砖石的艺术创造已达到写实的阶段。这些画在构图上常是不分远近的，它所用的透视是散点的；后世所用的俯瞰透视法在汉画里业已完成，一直到今天，在中国画中还占有很大的优势。这些画在布局上也不留白，常以小的物件填塞其间，使画面不留空隙余裕。这一点和唐宋文人画所提倡的"留白天地宽"的审美情趣大相径庭，因而被后来的文人画弃之不用，只在民间艺术里有所保留。

◎戏鹿画像砖

在形象塑造上，汉画以曲线为主的轮廓线强调了形象的形体与动态特征，几乎所有的形象都处在行进、跳跃、流贯、顾盼、飞腾的运动瞬间，因此画面上常可看出线条的弹力和感情的紧张。汉画的这种线条的弹力，在后世渐渐消失，柔和逐步取代了雄健，在长期的封建压制下，那种泼辣的、野性旺盛的画风逐渐丧失殆尽。

◎和林格尔汉墓壁画